Sagenhafte Orte
Um den Schweriner See

9,95 €

Zu diesem Buch

Der Wanderführer entstand auf der Grundlage einer Sagensammlung und nach einer Idee von Erika und Jürgen Borchardt. Die Ermittlung weiterer Sagen und die Recherchen zu den Orten/Sagenorten leitete Jan Clausen. Mitarbeiter bei den Recherchen waren zeitweilige Teams des Vereins. Nach diesen Vorlagen schufen Erika und Jürgen Borchardt den Text.

Danksagung

Für die Zuarbeiten und kameradschaftliche Unterstützung bedanken wir uns bei Dr. Heinz Falkenberg, Hohen Viecheln; Burghard Keuthe, Wulfsahl; Hans-Peter Pipping, Görslow; Herbert Remmel und Helmut Schaber, Pinnow; Elke Schnoor, Alt Meteln; Volker Schnuhr, Schwerin; Tourismus-Information Banzkow sowie den Bürgermeistern der „Sagen-orte".

Gefördert durch die Europäische Union, das Land Mecklenburg-Vorpommern, insbesondere das Ministerium für Bildung, Wissenschaft und Kultur, die Stiftung der Sparkasse Mecklenburg-Schwerin in der Landeshauptstadt Schwerin sowie die Sparkasse Nordwestmecklenburg.

Die 2. Auflage wurde gefördert von der Volks- und Raiffeisenbank Schwerin

Sagenhafte Orte

Um den Schweriner See

Zwischen Warnow und Stepenitz, Döpe und Lewitz

Der Wanderführer

Herausgegeben von Erika und Jürgen Borchardt

2. erweiterte Auflage

Edition digital Schwerin 2008

Impressum

Sagenhafte Orte. Um den Schweriner See. Zwischen Warnow und Stepenitz, Döpe und Lewitz. Der Wanderführer. Herausgegeben von Erika und Jürgen Borchardt
Recherchen: Jan Clausen u. a.
Text: Erika und Jürgen Borchardt.

ISBN 978-3-931646-33-2

Fotos: Jan Clausen, Volker Schnuhr, Bärbel Weinert, Katrin Wendel, Helmut Schaber, Jürgen Borchardt
Karte: Ausschnitt aus der Rad-, Wander- & Gewässerkarte „Schweriner See" mit freundlicher Genehmigung des Verlages. © Dr. Lutz Gebhardt, Verlag grünes herz, PF 100564, 98684 Ilmenau/Thür., Tel. 03677-63025, Fax 63040, www.gruenes-herz.de
Kartengrundlage S.16 und 160: Freizeitkarte Mecklenburg-Schwerin, Maßstab 1:100.000, Blatt 1 und 3. Kartografie und Gestaltung: Peter Kast, Ing.-Büro für Kartografie, Wismarsche Str. 321, 19055 Schwerin. Tel. 0385-5811199, Fax 0385-5811198. E-mail: info@kartografie-kast.de
Lageplan „Archäologischer Lehrpfad Kritzow" mit freundlicher Genehmigung von Siegfried Bondzio, Langen Brütz.

Vertrieb: Edition digital Pekrul & Sohn GbR
Alte Dorfstraße 2b, 19065 Godern
Tel.: +49 3860 505788
Fax: +49 385 434146-99
E-mail: gpekrul@arcor.de
Internet: www.edition-digital.com

© Alle Rechte vorbehalten. Kulturverein Sagenland Mecklenburg-Vorpommern e. V. Schwerin. Alle Rechte vorbehalten

Jegliche kommerzielle Nutzung der Texte und Fotos sowie die Verbreitung des Werks oder einzelner Teile in anderer Form und Art und Weise bedürfen der schriftlichen Genehmigung durch den Verein

Kulturverein Sagenland Mecklenburg-Vorpommern e. V.
c/o SUBZ
Werkstr. 714
D-19061 Schwerin 2007
Tel. 0385-589 43 34
E-mail: sagenlandev@web.de
www.sagenlandev.de

Herstellung: Drucksache Balewski, Schwerin

4   Sagenhafte Orte

Inhalt

Einleitung

Was wir Ihnen hier vorlegen, gibt es in Deutschland bisher noch nicht: Das ist die Möglichkeit, durch Wanderungen zu Sagenorten eine ganze Landschaft zu erkunden. Mecklenburg ist eines der sagenreichsten deutschen Länder, und die Gegend rund um den Schweriner See hat ganz besonders viele Sagen. Bei der Wanderung zu ihren Handlungsorten gelangt man bis in die kleinsten Winkel.

Die Sagenwanderung hat einen ganz besonderen Reiz: Sie führt zu bekannten Orten der Kultur und Natur, durch die Sagen jedoch werden sie geheimnisvoll. Sie führt aber auch an Stätten, zu denen man ohne die Sagen vielleicht nie gewandert wäre. Die wohl bekannte Heimat oder den Urlaubsort – wir sehen sie am Sagenort mit anderen Augen. Wenn über scheinbar unbedeutende Stellen Spuksagen existieren, kann man getrost davon ausgehen: Dort stand einmal etwas Bedeutsames, eine Siedlung, Burg oder Begräbnisstätte der Frühgeschichte, aus der Römer-, Germanen- oder Slawenzeit. Die Sage bewahrt auf besondere Weise die Erinnerung daran. Die Suche nach dem Sagenort führt uns oft zu geheimnisvollen und dazu noch wunderschönen Stätten.

Die Gegend rund um den Schweriner See ist landschaftlich eine poetische Schöpfung. Die Sagenwanderung zwischen der Warnow im Osten und der Stepenitz im Westen, dem Döpesee sowie Bad Kleinen im Norden und der Lewitz im Süden führt durch eine sanft gewellte, manchmal herbe und Urwald ähnliche, manchmal liebliche Landschaft, zu Seen und Söllen, Wäldern und Wiesen, Niederungen, Tälern und Hügeln, zu den romantischen Durchbruchstälern der Warnow und ihren Flüsschen, in Naturschutzgebiete, zu Relikten aus der Stein-, Bronze- und Slawenzeit, zu Burgen, Dörfern, Herrenhäusern, Schlössern und Kirchen aus dem Mittelalter und der neueren Geschichte.
Wir können Autostraßen nutzen, gepflegte Rad- und Fußwanderwege oder einsame Pfade. In aller Muße kann man die sagenhaften Stätten und Dörfchen erkunden und die Gegend genießen. Ein Reiz der Wanderung liegt auch in der ständigen Nähe zum Schweriner See und den vielen Seen an seinem Rand.
Der Schweriner See ist einer der größten Seen Deutschlands, 21 km lang, bis zu sechs km breit und 54 m tief. Er entstand durch das abfließende Schmelzwasser der abklingenden Eiszeit vor etwa 20 000 Jahren. Durch den Störkanal im Süden hat er eine Verbindung zur Mecklenburgischen

und Brandenburgischen Seenplatte bis Berlin und weiter, vermittels der Elde eine Verbindung zur Elbe und somit zur Nordsee, im Norden durch den Wallensteingraben eine Verbindung mit der Ostsee. Er ist ein Paradies auch für Wasserwanderer und Segler.

Die Gliederung: Die Region ist zur besseren Orientierung in mehrere Teilgebiete gegliedert. Wir machen keine Routenvorschläge; die Ausgangspunkte der Wanderer sind unterschiedlich, man soll wählen können, was einem am Nächsten liegt oder gerade begegnet. Wir beginnen bei Schwerin, der ältesten Stadt Mecklenburgs, die eine deutsche Gründung ist, zugleich eine bedeutende slawische Burg und Siedlung war, und umrunden den See im Uhrzeigersinn.

Die Erzählform: Die Sagen werden in Kurzform wiedergegeben, und weitere Sagen zu einem Ort werden noch kürzer nur benannt. Eine andere Form würde den Rahmen eines Wanderführers sprengen. Als Ergänzung ist für 2008 ein Erzählbuch mit den vollständigen Sagentexten geplant.

Der Service: Wir geben außer einigen Informationen über den Sagenort auch ein paar Tipps zu weiteren Sehenswürdigkeiten, zu Bade- und Angelmöglichkeiten, zu Verkehrsverbindungen und Gastronomie. Eingelegt ist eine Wanderkarte. Die Übersichtskarte zu Kapitel II finden Sie auf Seite 22, zu Alt Meteln und Umgebung in Kapitel VIII auf Seite160.

Wanderer an der Glückskuhle am Petersberg bei Pinnow

I. Schwerin

Schwerin ist vielleicht die Stadt mit der größten Zahl von Sagen in Deutschland. Wandert man zu den Orten des geheimnisvollen Geschehens, lernt man wichtige Sehenswürdigkeiten der Stadt auf neue Weise kennen. Sie sind alle Sagen umwoben: Schloss und Dom, Alter Garten, Burg- und Schlossgarten, Altstadt und Schelfstadt, Alter Friedhof, die ehemaligen Dörfer Krebsförden, Zippendorf und Mueß, der Schweriner See, der Pfaffenteich und der Ziegelsee, Plätze und Parks zum Spielen, Bummeln und Träumen.

Woher mag dieser Sagenreichtum kommen? Aus einer besonderen Geographie?

Über ein Viertel der Stadtfläche ist Wasser, mitten in der Stadt befindet sich der Pfaffenteich mit Schwaneninsel und Petermännchen-Fähre, um sie herum liegen weitere größere Seen und Wälder, 500 Hektar des Stadtgebietes sind Parkanlagen und unter der Erde gibt oder gab es zahlreiche Kanäle und Gänge. Das alles ist wohl etwas Besonderes, für Sagen gut Geeignetes, aber ganz außergewöhnlich auch wieder nicht. Ob die Geschichte eine Ursache sein kann?

Schwerin ist die älteste Stadt Mecklenburgs. 1160 wurde sie von Heinrich dem Löwen gegründet, einem der mächtigsten deutschen Herrscher seiner Zeit. Hundert Löwen sollen im Stadtbild zu sehen sein. Sie aber könnten nicht die Ursache des Schweriner Sagenreichtums sein, selbst wenn es zu jedem der Löwen eine Sage gäbe. Forschen wir weiter.

Die Stadt ist ein sehr altes Siedlungsgebiet. Auf ihrem heutigen Areal fand man sechs Hügelgräber aus der älteren Bronzezeit, sie sind über 3000 Jahre alt. Während der Völkerwanderung im 4. bis 6. Jahrhundert u. Z. verließen die Germanen diesen Raum und der slawische Stamm der Obotriten besiedelte ihn neu. Sie bauten auf der Insel im See eine Burg, auf ihren Resten steht das heutige Schloss, prächtig anzusehen, mit seiner filigranen Fassade, den goldenen Kuppeln und den vielen Türmen und Türmchen, die zumeist Schornsteine sind. Jahrhunderte lang war es Residenz der aus dem Obotritenstamm hervorgegangenen mecklenburgischen Herzöge und Großherzöge. Entstanden ist es aus Bauten aus fünf Jahrhunderten.

Vielleicht liegen in der Vermischung dieser Geographie und Geschichte die wichtigsten Wurzeln für die außerordentlich hohe Zahl der Schweriner Sagen. Den übergroßen Anteil machen die Geschichten vom Schlossgeist Petermännchen aus, eine einzigartige Sagengestalt, mit so vielen Eigenschaften, wie sie keine andere Figur der deutschen Geistergeschichte aufweist. Über ihn existieren an die 700 Überlieferungen. Das ist außergewöhnlich. Der Siedlungsgeschichte entsprechend finden wir in Schwerin aber auch typische andere Sagenfiguren: den aus der germanischen Mythologie stammenden Wilden Jäger, den Schimmelreiter, das Land verlassende Zwerge, einen mittelalterlichen Poltergeist, einen geheimnisvollen Mann ohne Kopf, das Geldfeuer, ein sprechendes Gerippe, ein Ungeheuer im See und selbst eine Rosstrappe auf einem Stein in diesem See.

Der teuflische Fluch des Priesters *Vor achthundert Jahren. Ein deutscher Priester zerstört das Heiligtum der Obotriten. Der Obotritenprinz erschlägt ihn mit dem Schwert. Im letzten Atemzug verwünscht der Priester den Prinzen in einen Zwerg. Als Geist lebt der verwunschene Prinz im Schloss auf der Burginsel seiner Väter. Er ist ein Schutzgeist des Hauses, belohnt die Guten und straft die Bösen, kündigt traurige und schöne Ereignisse an, treibt Neckereien, macht sich unsichtbar, benutzt unterirdische Gänge, fliegt durch die Luft, hat eine Schatzkammer im See. Und er wartet auf Erlösung. Woraufhin, sollte das Werk gelingen, Schreckliches geschieht.*
Standort am Schloss

Blick auf die Werderhalbinsel am Schweriner See

Der übermütige Ritter vom Reiterhorn Vom Werder-
holz bis Raben Steinfeld liegen im Schweriner See kleine Berge oder
Klippen. Das sind: Der Weiße Berg, das Zippenhorn, das Bullhorn,
das Reiterhorn, das Steinhorn, das Lenzerhorn und der Große Stein.
Vor langer Zeit, als noch Gott Wotan die Welt regierte, standen an diesen Stellen Burgen. Ihre Besitzer waren freche Ritter, die sich mit Gott
und aller Welt stritten. Eines Tages wurde der Ritter vom Reiterhorn
übermütig und forderte mit einem kräftigen Fluch den Germanengott
Wotan zum Kampf heraus. In der Walpurgisnacht zog Wotan mit Blitz
und Donner über den Schweriner See hinweg. Das Wasser türmte sich
zu hohen Bergen und verschlang alle Ritterburgen.
Reiterhorn: Im Schweriner See, zwischen Werderhalbinsel nahe dem
Schloss und der Insel Kaninchenwerder

Die Rosstrappe im See Ein Kosak wurde vor 200 Jahren zu
der Strafe verurteilt, bei der Werderhalbinsel in den See zu reiten. Un-
erklärlicher Weise ertrank er nicht, sondern kam mit seinem Ross bis
zu einem Stein. Mit einem gewaltigen Satz sprang es aus dem Wasser,
und der Huf drückte in den Stein. Der Kosak verschnaufte, setzte eine
Flasche Wein an, trank sie in einem Zug aus und schoss voller Freude
in die Luft. Dann ritt er weiter und kam wohlbehalten auf der anderen
Uferseite in Görslow an. Übermütig wendete er sein Pferd und ritt über
den See zurück. Doch am Stein sah man ihn zum letzten Mal.
Seitdem hat auch Schwerin eine Rosstrappe. Der Stein heißt Reiterhorn.

Alter Friedhof

Ein Gerippe steigt vom Galgen *Ein übermütiger Fischer geht des Nachts über den Friedhof am Galgenberg vorbei und hänselt ein Gerippe. Da steigt es herab und bedroht ihn mit dem Tode. Der Fischer stirbt beinahe allein schon vor Entsetzen. Aber er wird gerettet und das Gerippe zerfällt zu Staub.*

Alter Friedhof, westlich der Feldstadt.

Das mehr als 300 Jahre alte Hallenhaus »Dat Oll Hus«, mitten im Stadtteil Krebsförden Dorf am Ostorfer See. Familienmuseum über bäuerliches Arbeiten und Leben in der Vergangenheit.

Das Geldfeuer In Krebsförden Dorf steht hinter dem Familienmuseum „Dat oll' Hus" eine wieder in Stand gesetzte Durchfahrscheune. Zwischen dieser Scheune und den alten Eichen dahinter, auf der höchsten Stelle, gab es eine ganz unheimliche Erscheinung. Im Spätherbst, „tau Tüffelsammel-Tied" (zur Kartoffelsammel-Zeit), brannte es dort. Das Feuer glühte, flammte, loderte, dass einem angst und bange wurde. Die Leute nannte die Erscheinung das Geldfeuer. Sie meinten, dort wären Geld und Gold vergraben. Das mochte wohl sein. Im Dreißigjährigen Krieg vor 350 Jahren mussten die Menschen sich und ihre Habe häufig vor den plündernden Soldaten verbergen.

Das unheimliche Licht wurde von vielen gesehen. Niemand aus dem Dorf aber wagte sich in die Nähe, wenn es brannte. Und niemand unternahm es gar, den Schatz zu heben.

Brücke über den Krebsbach

Der Mann ohne Kopf *Auf dem Kirchsteig, bei der Brücke über den Krebsbach, unterhalb des Graureiher-Waldes, sah man bei Mondschein einen Mann ohne Kopf laufen. Er ging regelmäßig den kleinen Berg zur Straße Am Winkel hoch.*

Den Kirchsteig findet man in Krebsförden Dorf am Ende der Straße Am Winkel, vor dem letzten Haus. Er führt rechts hinunter in ein kleines Tal, vorbei am Graureiherwald und auf einer Holzbrücke über den Krebsbach. Dieser Weg war früher für die Dorfleute die kürzeste Strecke zur Kirche nach Schwerin. Selbst Hochzeitspaare wanderten dort zur Trauung in die Stadt, wenn sie sich keine Kutsche leisten konnten. Ein herzoglicher Erlass verfügte, dass hier jegliches Streiten, Belästigen und andere Händel verboten waren.

Die tödliche Stimme aus dem See *Aus dem See ertönt eine unheimliche Stimme: „Deine Stunde ist da, aber deine Seele noch nicht." Ein Mann im Schlafanzug rennt wie von Sinnen auf den See zu. Mit viel Mühe kann er vor dem Ertrinken gerettet werden.*
Franzosenweg. Zwischen Schlossgarten und Zippendorf.

Ein schlauer Bauer narrt den Wilden Jäger

Ein schlauer Bauer narrt den Wilden Jäger Der Wilde Jäger zieht mit seiner Meute durch den Mueßer Wald. Er wirft einem Bauern eine Eisenkette zu, um mit ihm die Kräfte zu messen. Der Bauer ist schlau, er weiß sich zu helfen und gewinnt das Ringen. Zum Lohn bekommt er einen Stiefel voll Blut und ein Hinterteil von einem zerlegten Hirsch. Auf dem Heimweg verwandelt sich das Blut in Gold und das Hinterteil in Silber.

Im Wald von Zippendorf nach Mueß.

Im Volkskundemuseum ...

Frau Wode in der Spinnstube

Frau Wode in der Spinnstube Frau Wode ist ein gutes Gespenst. Sie muss nicht wegen ihrer Sünden umgehen, kommt aber trotzdem nicht zur Ruhe. Als Gespenst beschert sie den Guten Glück und Segen. Oft setzt sie sich zu den Spinnerinnen und spinnt eine Stunde mit. Dann sieht sie sich das Gespinst der Mädchen an und die Fleißigste bekommt zu Weihnachten einen Glück bringenden gehenkelten Dukaten.

Das Mecklenburgische Volkskundemuseum ist eine idyllische Dorfanlage mit Bauernhof und Büdnerei, Fischerhaus und Hirtenkaten, Schmiede und Schule, Brunnen, Backofen und Kräutergarten. In der Schulscheune stehen Geräte zum Zwirnen, Spinnen und Weben.

... Schwerin-Mueß

Der Teufel ohne Kopf *Einige Männer kehrten um Mitternacht heim auf dem Weg von Consrade nach Mueß. Da sahen sie ein Geldfeuer. Sie holten Werkzeug, um den Schatz zu heben. Dabei durften sie nicht sprechen. Einer von ihnen musste den linken Schuh ausziehen und damit das Feuer löschen. Als sie den schweren Kessel hoch gewuchtet hatten und das viele Gold sahen, rief einer plötzlich: „Johann, halt fest!" Da gab es einen großen Krach. Der Wuchtbaum brach durch, der Kessel fiel wieder runter, und es gab einen großen Gestank und viel Rauch. Ein gräulich aussehender Mann erschien auf einem Schimmel vor dem Loch. Den Kopf trug er unterm Arm. „Johann, der Teufel kommt," riefen sie und liefen davon.*

In der Straße von Mueß nach Consrade/Plate

Tod in der Nordsee *Vor über 100 Jahren sah der Kammersänger Karl Meyer auf der Drehbrücke am Schloss das Petermännchen in schwarzer Tracht. Das bedeutete Tod in der großherzoglichen Familie. Zwei Wochen danach kenterte der junge Schweriner Herzog Friedrich Wilhelm mit seinem Torpedoboot und ertrank. Der Schlossgeist hatte warnen, aber nicht retten können.*

Reppiner Burg. Ruine im Gedenken an den Seemannstod des jungen Herzogs Friedrich Wilhelm. Am Wanderweg zwischen Mueß und Störkanal

An die 50 Sagen zu 27 Sagenorten findet man in ausgearbeiteter Form in der Publikation
Das sagenhafte Schwerin. (siehe Seite 182)
Wanderführer für große und kleine Schweriner und ihre Gäste.

Weitere Tipps

Mecklenburg Tourist Office
Am Markt 8, 19055 Schwerin, Tel.: 0385 - 521 49 83

Tourist Information
Am Markt 14 (Rathaus), 19055 Schwerin, Tel.: 0385 - 592 52 12

Buslinie 100. Linienbus mit Fahrradtransport rund um den Schweriner (Innen)See. Informationen zu Sehenswürdigkeiten und geführten speziellen Wanderungen an einzelnen Haltepunkten, s. S. 178

Schwerin sagenhaft erleben. Führungen zu Sagenorten.
Ilona Huhnstock, Kreativitätspädagogin. Werderstr. 1, 19055 Schwerin.
Telefon: 0385-20 79 850/ 0160-920 30 525.
E-mail: info@kinderbetreuung-schwerin.de
www.kinderbetreuung-schwerin.de

Dat oll' Hus. Familienmuseum.
Telefon: 0385-61 22 79, 19061 Schwerin, Dorfstr. 8

AWO-Feriendorf Mueß
Telefon: 0385-208460. 19063 Schwerin, Alte Crivitzer Landstraße 6

Für das leibliche Wohl

Eckcafe Ulrike. Restaurant. (Nahe Feldstadt). Telefon 0385-73 20 38
19053 Schwerin, Wittenburger Str. 42

Fritz Hotel. Cafe und Restaurant. (Krebsförden Dorf).
Telefon: 0385-646 370
19061 Schwerin, Dorfstr. 3 B

Wirtshaus Zur Eiche. (Zippendorf). Pension, Restaurant.
Telefon: 0385-201 50 85
19063 Schwerin, Bosselmannstr. 11

Tau Helga. Restaurant. (Mueß). Telefon: 0385-200 20 70
19063 Schwerin, Alte Crivitzer Landstr. 18

BUNDESGARTENSCHAU SCHWERIN 2009
SIEBEN GÄRTEN MITTENDRIN

www.buga-2009.de

BUNDESGARTENSCHAU'09
SCHWERIN
23. APRIL - 11. OKTOBER

Altstadt

Garten am Marstall

Schloss

Burggarten

Garten des 21. Jahrhunderts

Ufergarten

Naturgarten

Schlossgarten

Küchengarten

Der Schlossgarten zur BUGA in neuer Gestalt

BUGA Schwerin - 23. April bis 11. Oktober 2009

Im Mittelpunkt der Bundesgartenschau steht die historische Entwicklung der Gartenbaukunst vom 18. Jahrhundert bis heute. Sie zeigt die unterschiedlichen Formen von Renaissance-, Barock- und englischem Landschaftsgarten im Burg- und im Schlossgarten bis zum Garten des 21. Jahrhunderts am Burgsee. Vom Franzosenweg führen im Naturgarten Stege durch das teils morastige Gelände rund um die Große Karausche, einen Teich, bis hin zum Ufer des Schweriner Sees. Hier kann man die Natur mit ihren Brüchen, Röhrichtbereichen und der Orchideenwiese direkt erleben. Der Ufergarten mit seiner zentralen Gastronomie bietet neben der Entspannung direkt am Wasser auch die Möglichkeit der sportlichen Betätigung im Wasser. Alle Sieben Gärten legen sich wie eine Perlenkette um das besondere Juwel Schwerins, das Grossherzogliche Residenzschloss. Sie bieten gleichzeitig den Ausblick auf die Silhouette der Altstadt mit dem sie überragenden Dom. Die Gärten liegen direkt am Wasser. Besondere Highlights sind die scheinbar über dem Wasser schwebende „Schwimmende Wiese" im Burgsee und der „Spazierweg auf dem Wasser", eine knapp 350 Meter lange und viereinhalb Meter breite Pontonverbindung über die Schlossbucht, vom Ufergarten hinüber zum Garten am Marstall. Sie ist einmalig in Schwerin, weil sie Blickachsen erschließt, die sonst nur dem Wassersportler möglich sind.

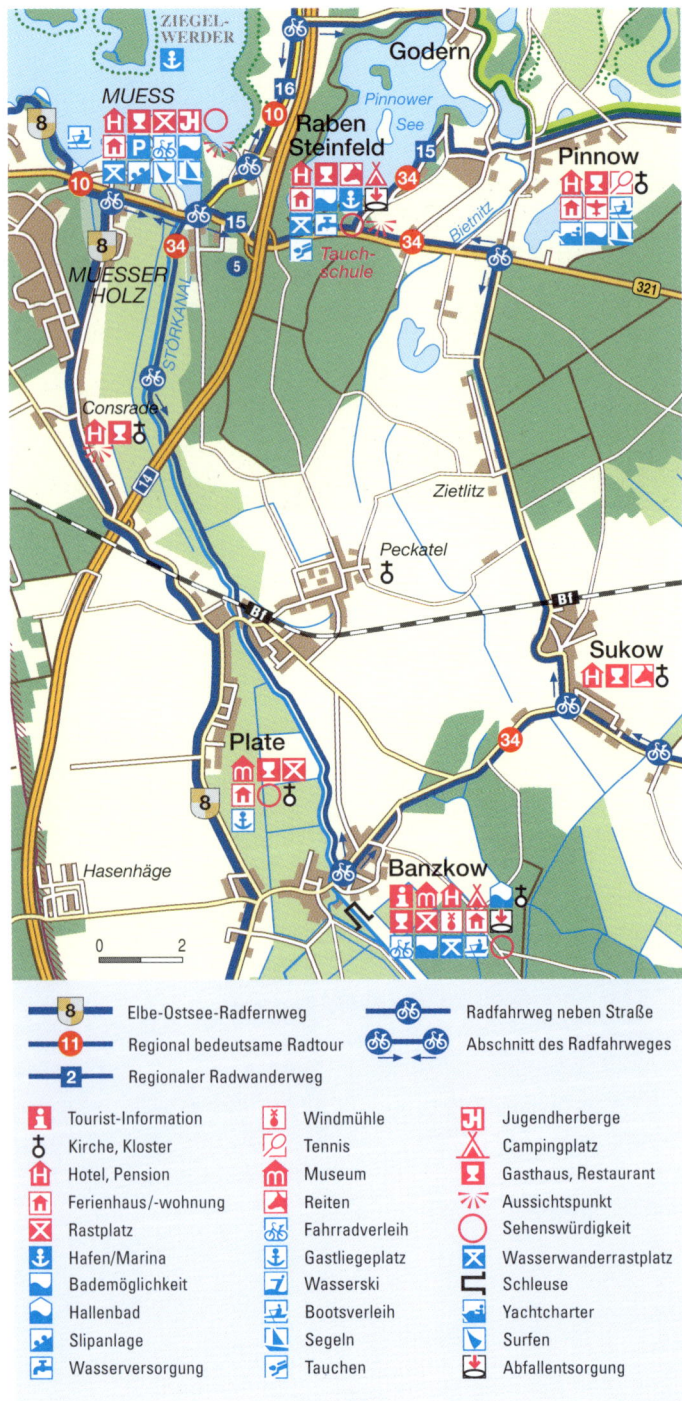

Elbe-Ostsee-Radfernweg		**Radfahrweg neben Straße**
Regional bedeutsame Radtour		**Abschnitt des Radfahrweges**
Regionaler Radwanderweg		

ℹ	Tourist-Information	⚐	Windmühle	⚑	Jugendherberge
♀	Kirche, Kloster	⚏	Tennis	⚔	Campingplatz
Ⓗ	Hotel, Pension	⚏	Museum	⚐	Gasthaus, Restaurant
⌂	Ferienhaus/-wohnung	⚏	Reiten	☼	Aussichtspunkt
✕	Rastplatz	🚲	Fahrradverleih	○	Sehenswürdigkeit
⚓	Hafen/Marina	⚓	Gastliegeplatz	✕	Wasserwanderrastplatz
⛱	Bademöglichkeit	⚐	Wasserski	⊏	Schleuse
⛱	Hallenbad	⚐	Bootsverleih	⚐	Yachtcharter
⚐	Slipanlage	⛵	Segeln	⚐	Surfen
⚐	Wasserversorgung	⚐	Tauchen	⚐	Abfallentsorgung

Sagenhafte Orte

II. In der Lewitz

Die Lewitz, südlich des Schweriner Sees, ist mit 12 000 Hektar eines der größten Landschaftsschutzgebiete Mecklenburgs. Sie hat viele Gesichter: Wiesen- und Weideflächen, Alleen, Wälder, Fischteiche, Wasserkanäle. Dort leben unter vielen anderen Arten: Fischotter, Seeadler und Eisvögel, Kormorane und Graureiher, seltene Pflanzen wie Kuhschelle, Sandheide und Lungenenzian. Eine lange Tradition hat die Jagd, wovon u. a. das Jagdschloss Friedrichsmoor (1791) auf seiner riesigen Bildtapete kündet. Durchzogen wird die Lewitz von der Stör und dem Störkanal, die den Schweriner See und die Elde verbinden und so den Wasserweg in die Elbe und Nordsee sowie nach Süden bis Berlin ermöglichen.

Der Nordteil der Lewitz ist ungewöhnlich sagenreich. In den hier aufgeführten sechs nahe beieinander liegenden Dörfern gibt es zusammen an die 50 Sagen, darunter eine Freischütz-Sage und eine mit dem Motiv vom Ritter Blaubart. Die neun Hügelgräber, darunter einige aus der älteren Bronzezeit, sind des öfteren der Handlungsort.

Gutshaus Consrade

Consrade

Man erreicht den Ort günstig von Schwerin Mueß oder Plate aus.

Das Bauerndorf befindet sich im Tal der Stör zwischen den hoch gelegenen Wäldern Klein Buchholz und Forst Raben Steinfeld. Diese Lage und ein (allerdings zerstörtes) Hügelgrab aus vorgeschichtlicher Zeit schufen ein besonderes Klima für eine Reihe von Sagen.

Bauernhaus in Consrade

Frau Waur straft einen Bauern Ein Bauer in Consrade
hatte vergessen, abends das große Tor zuzumachen. Nachts kam Frau
Waur mit ihren Hunden ins Haus geritten. Einen ließ sie als Strafe
zurück. Der Bauer schlug den Köter mit der Peitsche. Der Hund jaulte
aber bloß und blieb. Da wollte ihn der Bauer mit der Axt töten. Beim
zweiten Schlag löste sie sich vom Stiel und fuhr dem Bauern ins Bein.
Davon starb er kurze Zeit später .

Der Wod braust zur Stör Vor Zeiten ging eine Schneise von
Buchholz bei Consrade den Berg hinunter zur Stör zu. Hier zog in den
Zwölften der Wod mit seiner Wilden Jagd, den großen Hetzhunden,
den kleinen Kleffkötern und dem Haufen Jäger. Der Schlagbaum an
der Stör tat sich von selber auf. Die Meute jagte durch das Wasser zum
anderen Ufer, dass die Spritzer der Stör bis in den Himmel flogen.

Consrader Weg zur Stör

Frau Waur setzt über die Stör. *Auch Frau Waur setzte über die Stör und tobte am anderen Ufer den Profossdamm entlang ins Holz.*

Der Leibhaftige am Holunderbusch *Am Holunderbusch sah ein Knecht den Leibhaftigen. Ein anderer, der nichts über den Busch wusste, legte sich in der Mittagszeit darunter und wachte nicht mehr auf. Seitdem blieb ein großes Stück Land um den Busch ungenutzt.*

Zwischen dem Weg von Consrade nach Plate und der Stör hinter der Autobahnbrücke. Der Busch wurde beim Autobahnbau weggenommen.

Der schwarze Aufhocker *Wo die nach Schwerin führende Landstraße von dem Fahrweg bei Consrade geschnitten wird, begegnete einem Handwerker eine fürchterliche Gestalt, schwarz gekleidet, groß und hager, mit einer Glatze, langen, weißen Zähnen und dünnen Fingern. Plötzlich saß das Ding auf seinem Rücken. Erst nach vierhundert Schritten sprang sie herunter und stieß ihn, dass er stolperte. Hätte er sich umgesehen, wäre ihm der Kopf schief stehen geblieben.*

Der Consrader Weg befindet sich an der Straße Plate - Schwerin-Zippendorf (am Fernsehturm) im Wald rechter Hand.

Weiterer Tipp
Fachwerkkirche. 16./17.Jh.
Im freistehenden Glockenstuhl hängt eine Glocke von 1543

Für das leibliche Wohl

Zum Fäßchen. Pension. Gaststätte
19086 Consrade, Consrader Straße 25
Telefon: 0385-2180624

Pension Am Lewitztor
Am Consrader Berg 1
19086 Consrade
Telefon: 0385-2012111

Störbrücke in Plate

Plate

Das Dorf (1191 Ersterwähnung) befindet sich im Landschaftsschutzgebiet Lewitz, direkt an der Stör. Über den kanalisierten Fluss führt eine Hubbrücke, die im Gemeindewappen verewigt ist.

Im Jahre 1567 wurde die erste Brücke mit zugehöriger Zollstelle über die Stör gebaut. Wasserstraße und Brücke hatten für den Ort eine besondere Bedeutung. Auf der Stör wurden u. a. Holz und Torf aus der Lewitz zum Schweriner Schloss transportiert. Eine alte päpstliche Anordnung legte fest, dass die Einkünfte aus dem Schifffahrtszoll in Plate zur Beschaffung von Lichtern für den Schweriner Dom zu verwenden wären.

Das Dorf ist mit einer großen Zahl von Sagen verbunden. Das deutet u. a. auf eine lange Geschichte hin. Es war bereits von den Slawen besiedelt (ab dem 7. Jh.) und erhielt von ihnen den Namen. Plate ist das slawische Wort für Zaun. Und hier fand man im Radelsberg eines der geheimnisvollen Hügelgräber aus der Bronzezeit vor ca. drei bis viertausend Jahren, mit Goldschmuck als Grabbeigabe.

Sagen aus Plate

Der Karkberg (Kirchenberg) liegt an der Straße von Plate nach Schwerin, ca. 150 m vor der Autobahnbrücke: links die Erhebung mit Hochspannungsmast. Er wurde beim Kiesabbau weitgehend abgetragen und dabei fand man menschliche Skelette.

Plate - Kargberg

Die Glocken im Karkberg *Beim Karkberg geschehen unheimliche Dinge. Hier treffen sich die Hexen in der Walpurgisnacht. Am Ostermorgen öffnet sich der Berg. Man kann hineingehen, muss ihn aber rechtzeitig wieder verlassen, sonst bleibt man ein Jahr lang eingesperrt. Eine Kirche, innen und außen vollkommen vergoldet, versank hier vor langer Zeit. Daher hat der Hügel seinen Namen. Manchmal kann man die Glocken hören. Man muss das Ohr auf den Boden legen und nach ihnen rufen.*

Der Leichenzug am Karkberg *Ein Bauer aus Plate begegnete eines Nachts am Karkberg einem unheimlichen Zug. Voran schritt ein Mann mit einem weißen Gewand und einem großen Kreuz. Die anderen trugen seltsame alte Kleider. Am Berg verschwanden sie, und es war nur noch das Läuten von Glocken zu hören.*

Unterirdische im Karkberg *Eine alte Frau musste einst nach Schwerin, um Branntwein zu holen. Da sah sie den Karkberg offen und viele Unterirdische darin Brot backen.*

Der dreibeinige Hase auf dem Karkberg *Eines Tages wollten die Plater am Karkberg das Pfingstfest feiern. Da sahen sie einen dreibeinigen Hasen. Er ließ sich nicht vertreiben. Nun wussten sie, dass er ein Hexenhase sein musste. Sie ließen das Feiern sein und gingen nach Hause.*

Hund und Katze auf dem Burghügel *Im Pfarrgarten soll eine slawische Burg gestanden haben. Des Nachts, fünf Minuten vor zwölf, kriecht an dieser Stelle eine schneeweiße Katze aus der Erde. Dann taucht aus der Stör ein großer schwarzer Hund auf und verfolgt die Katze. Um Eins ist der Spuk verschwunden. Der Hund ist ein Ritter, der das Burgfräulein liebte. Als die Dänen die Burg eroberten und zerstörten, wurde das Fräulein unter den Trümmern begraben. Der Ritter aber stürzte sich in die Stör.*

Das Pfarrhaus steht von der Kirche aus ca. 50 m weiter in Richtung Störbrücke direkt auf dem früheren Burghügel. Geht man die Störstraße ca. 150 m weiter und biegt vor der Brücke rechts ab, hat man nach weiteren 50 m rechts einen Blick auf den Burghügel von unten.

Plate - Pfarrhaus

Schwarze Hühner auf der Beerdigung *In Plate gab es eine unheimliche Frau. Als sie gestorben war und die Jungen zu ihrem Begräbnis sangen, kamen lauter schwarze Hühner und fingen an zu kakeln.*

Nächtliches Treiben in der Kirche *In der alten Kirche (auf dem jetzigen Friedhof) spukte es nachts um zwölf. Licht schien, Geräusche hörte man, aber niemand war zu sehen. Die Bauern wollten dem Spuk ein Ende machen und begaben sich gemeinsam in die Kirche. Nur ein Klingen und Singen war darin zu vernehmen. Ihnen wurde unheimlich und sie eilten davon. Als die neue Kirche gebaut wurde, war der Spuk vorbei.*

Der Hase im Brunnen

Auf einem Bauernhof saß ein dreibeiniger Hase im Brunnen. Zu Neujahr schossen die Bauern darüber hinweg, damit er ihnen nicht das Wasser verdarb.

Ein Mann verwandelt sich in einen Hasen

Ein Mann konnte sich in einen Hasen verwandeln. Er hoppelte den Frauen auf dem Feld hinterher und belauschte sie.

Der Hase hinterm Schweinetrog

Auf Krischan Ihdes Bauernstelle saß hinterm Schweineschlag immer ein Hase. Dem verdankte man so manches Unglück im Dorf. Heiligabend wachten alle auf dem Hof. Um Mitternacht kam jedes Jahr ein nackter Reiter auf den Hof. Er ritt an die Tränke, soff wie ein Pferd und verschwand.

Hufe 2, heute Banzkower Str. 16

Frau Waur nimmt Quartier

Einmal vergaß eine Bauersfrau, nach Anbruch der Dunkelheit die Haustür zu schließen. Da war auch schon Frau Waur mit ihren Hunden im Haus. Morgens, noch bevor die Sonne aufging, zog sie ab. Als die Sonne unterging, fing das Getobe im Dorf wieder an.

Der Freischütz

Ein Mann aus Plate wollte gern Freischütz werden. Beim Abendmahl in der Kirche behielt er die Hostie im Mund, heftete sie später an einen Eichbaum und schoss darauf. Blut quoll heraus. Fortan traf er alles, was er wollte. Als der Freischütz alt war, konnte er nicht sterben. Ihm graute vor dem Teufel. Da schoss er mit seiner Flinte in die Decke und wünschte sich, der Schuss möge ihm gelten. So endete der Freischütz von Plate.

Spuk im Schulzenhaus

Der Schulze Pommerenke war sehr geizig. Auf dem Sterbebett ließ er noch einmal seine Kiste mit den Geldstücken kommen. Am Abend nach der Beerdigung spukte es im Haus. Die Türen klappten, Schränke öffneten und schlossen sich, Pferdegetrappel und Schimpfworte waren zu hören. Erst als kein Geld mehr in der Kiste war, endete der Spuk.

Nach einer Familienchronik stellten die Bewohner der Hufen 6 und 9 über längere Zeit den Schulzen. Hufe 9 stand auf dem Gelände vom heutigen Edeka-Markt (die Kastanien an der Straße bildeten die Toreinfahrt). Hufe 6 ist heute Banzkower Straße 10.

Ein Blick lässt stolpern *Ein Büdner besaß das Siebte Buch Mose. Man holte gern seinen Rat. Doch sonst schlug man einen großen Bogen um die Büdnerei. Eine ältere Frau musste einmal an seinem Haus vorbei gehen. Er stand in der Tür, blickte herüber und grinste. Und tatsächlich stolperte sie plötzlich.*

Plate, Erste Büdnerei, von der Kirche aus 200 m in Richtung Schwerin

Schawernack bei Plate *Der große Brand nach dem Dreißigjährigen Krieg zerstörte Plate vollkommen. Drei Bauern bauten danach ihre Häuser nicht mehr in der räumlichen Enge des Dorfes auf, sondern mitten auf ihrem Acker. Die Plater nannten die Gegend Schawernack (Schabernack), denn als nichts anderes fassten sie den Umzug auf.*

Für diese Sage ist der Zeitraum von der Mitte bis Ende des 18. Jahrhunderts anzunehmen, als auch in anderen Dörfern die ersten Ausbauten entstanden. Von der Kirche 1,5 km in Richtung Banzkow, vor dem Ortsausgangsschild links steht das letzte der dort erbauten Häuser.

Der Adderbrauk *Zur Franzosenzeit versteckten sich die Leute mit dem Notwendigsten und dem Vieh über Wochen beim Adderbrauk (Schlangenbruch mit dichtem Gebüsch). Den Franzosen war das leere Dorf unheimlich und sie lagerten auf freiem Feld. Die Gegend wird noch heute Franzosengrund genannt.*

Zum Adderbrauk von der Kirche in Richtung Störbrücke, vor der Brücke rechts abbiegen, ca 300 m die Stör entlang zur Weidefläche auf der rechten Seite. Ein dichtes Gebüsch ist nicht mehr vorhanden.

Mit der Bibel einen Wolf verjagen Als der Plater Prediger von einem Nachbardorf auf dem Heimweg war, stürzte ein Wolf auf ihn zu. Der Mann schaffte es gerade noch, auf einen Baum zu klettern. Da sah er unten den Wolf die Zähne fletschen. Als er aber die Bibel auf- und zuschlug, zog der Wolf den Schwanz ein und trollte sich.

Weitere Tipps
Neugotische Kirche (1848/49). Orgel aus der Werkstatt des Schweriner Orgelbauers Friedrich Friese (1873). Freistehender Glockenstuhl.

Feuerwehrmuseum
Banzkower Str. 12, 19086 Plate, Tel.: 03861 - 2167
Öffnungszeiten: Mai – September Mi 14 – 16 Uhr
Fahrradverleih und Reparatur
„Lewitz-Radler" Telefon: 03861-501432
Banzkowerstraße 61, 19086 Plate
Galerie De Mahlhühner. Marion Funk.
19086 Plate, Störstraße 1 (Pfarrhaus)
Telefon: 03861-300452
Holzwerkstatt. Joachim Ihde.
19086 Plate, Am Bollwall 16
Telefon 03861-297697
Naturerlebnisfahrt. Mit einem Lewitz-Boot.
Vermittelt durch Tourist-Information. (siehe Banzkow)
Radwanderweg. Verläuft am Störkanal von Schwerin nach Banzkow.
Treidelpfad. Gleiche Strecke.

An der Stör bei Plate

Für das leibliche Wohl

Störkrug,
19086 Plate, Störstraße 12
Telefon: 03861-300852

Öz Urfa Grill
19086 Plate, Störstraße 2
Telefon: 03861-501099

Villa Romantica
19086 Plate, Störstraße 3
Telefon: 03861-501575

Am Franzosengrund
19086 Plate, Banzkower Straße 39
Telefon: 03861-2005

Brücke über die Stör in Banzkow

Banzkow

Das Dorf (1300 erstmals erwähnt) liegt an der Stör ca. 15 km südlich von Schwerin. Es ist vom Landschafts- und Vogelschutzgebiet Lewitz umgeben. Viele Jahrhunderte war es ein so genanntes Sackplatzdorf, ein ovaler Platz mit Höfen ringsum und nur von einer Seite zugänglich. 1337 wurde eine Wassermühle errichtet, sie existiert heute aber nicht mehr. 1534 baute man eine Brücke über die Stör und eine Schleuse, weil hier damals eine wichtige Handelsstraße nach Hamburg führte.

2007 war Banzkow Sieger im Landes- und auch Bundeswettbewerb „Unser Dorf hat Zukunft". Mehr als 100 Firmen und Einrichtungen sind hier angesiedelt. Es hat eine Vielzahl gepflegter Bauernhäuser, darunter ein niederdeutsches Hallenhaus (1703) mit Schaugiebel und Krüppelwalmdach, ein Dorfmuseum, ein Blasorchester und die Lewitz-Mühle (1874), die jetzt ein beliebtes Restaurant mit Hotel ist. Jedes Jahr wird in der Stör zu Neujahr angebadet, im Sommer zur Badewannenregatta aufgerufen, im Nettelrad das Holzfest gefeiert und gleichzeitig der beliebte Wettstreit der Traktoren „Trecker-Treck" durchgeführt. Der Naturlehrpfad „Schwarzer Damm" bei Jamel führt in die Lewitz und zu ca. 60 verschiedenen Baumarten. Per Rad, mit der Kutsche, zu Fuß oder mit dem Schiff kann man die abwechslungsreiche Landschaft der Lewitz erkunden. Gästeführer bieten individuelle Touren an.

Am Nettelrad (Waldgebiet im Kreuzungsbereich Plate-Banzkow-Sukow)

Die Lindwürmer auf dem Regenbogen *Nahe dem Net-*
telrad stand einst eine alte Eiche, der Adebarsbaum. Oben nisteten Stör-
che, unten hauste ein Lindwurm. Auf der anderen Seite der Stör stand
auch so ein Baum mit einem Lindwurm. Wenn dem einen etwas Böses
passierte, sprang ihm der andere wie ein Regenbogen zur Hilfe. Dabei
brach er alles um und zerriss Menschen und Vieh. Eines Tages taten
sich die Bauern zusammen und töteten die Lindwürmer gleichzeitig auf
grausame Weise.

Der Spuk im Nettelrad *Im Nettelrad lief ein Mann ohne*
Kopf herum. Er machte auch die Leute, die nachts Streu und Holz aus
dem Wald holten, ganz kopflos. Den Kartenspielern sprang der Spuk
auf den Rücken und ließ sich tragen.

Die Weltschlacht in der Lewitz *In Friedrichsmoor lebte*
um 1930 ein Zimmermann, der habe von seinen Vorfahren gehört:
Wenn der Fliederbaum an der Friedhofspforte in Banzkow bis an die
Kirche herangewachsen ist, dann wird es in der Lewitz Krieg geben,
eine große Weltschlacht. So viel Blut wird fließen, dass es den Leuten
in die Stiefel schwappt. Und die Russenpferde kommen und fressen den
Hafer ab.
Wenige Jahre nach der Weissagung begann der Zweite Weltkrieg. Er en-
dete in unserer Region tatsächlich an der Stör. Auf der Ostseite blieb die
Rote Armee stehen, auf der Westseite standen die angloamerikanischen
Truppen. Die Stör bildete für einige Wochen die Grenzlinie zwischen
beiden Seiten.

Der Mühlengraben

Die Wassermuhme
Im Mühlengraben lebt eine Wassermuhme. Sie lockt die Kinder ans Wasser und lässt sie ertrinken. Wenn sie lange kein Opfer gefunden hat, hört man an warmen Sommerabenden ihre lockenden Rufe.

Eine Hexe als Werwolf
Eine Frau gab ihrem Mann immer Hammelfleisch in die Kiepe. Sie war eine Hexe und stahl die Hammel. Vor Gericht bezichtigte sie den Mann der Hexerei. Als er aber bestraft werden sollte, gab sie sich zu erkennen.

Der Wilde Jäger verfolgt eine Hirschkuh
Der Wilde Jäger war mit seinen Hunden hinter einer Hirschkuh her. Die sprang in ihrer Not in ein Bauernhaus. Der Bauer sollte dem Jäger mit einer List helfen, damit der sie in seine Hand bekam.

Hunde im Trog
In den Zwölften soll man nicht backen. Wenn die Leute doch mal gebacken hatten, war der ganze Trog voll mit den Hunden der Frau Waur.

Die Zwölften sind die zwölf heiligen Nächte zwischen Weihnachten und Dreikönigstag (6. Januar).

Der listige Bauer
In Banzkow war ein Bauer beim Säen. Da stand vor ihm ein Zwerg und sagte, von dem, was er hier säe, bekäme er nichts zu essen. Der Bauer aber überlistete den Zwerg.

Niederdeutsches Hallenhaus

Als Kindermädchen bei den Unterirdischen

Ein Bauer sah nachts auf der Scheide der Feldmark im Mondschein seine Frau sitzen, mit einem Kind von den Unterirdischen im Schoß. Sie sagte, sie wäre von ihnen als Kindermädchen angestellt worden und könne nicht mehr nach Hause. Aber er nahm sie mit Gewalt mit. Ein paar Tage später starb die Frau.

Weitere Tipps

Tourist-Information Banzkow
Straße des Friedens 12, 19079 Banzkow,
Telefon: 038 61 – 30 29 772, Fax: 038 61 – 30 11 19
Internet: www.lewitz-landschaft.de
E-Mail: tourist@stoertal-banzkow.de

Öffnungszeiten: Mo, Di, Do, Fr 9.30 – 16 Uhr.
Information und Gästebetreuung. Vermittlung von Unterkünften, Gästeführern, Nachtwächterführungen, Rundfahrten, Atelierbesuchen bei Künstlern, Entdeckungstouren für Kinder, Anleitung zur Landschaftsmalerei.

Kanukamp Banzkow
Am Mühlengraben 7, 19079 Banzkow
Telefon: 038 61 - 7405

Störtalmuseum. Zur Entwicklung des ländlichen Lebens. Öffnungszeit: So 14 – 17 Uhr und nach Vereinbarung. Im Trendhotel.
Backofen. Im Dorfgemeinschaftsbackhaus. Straße des Friedens 12 (Störtal). Hier kann man selber Brot und Kuchen backen. Ab Frühjahr 2008. Anfragen Tel.: 03861-300818

Banzkower Sole Bad und Finnische Blockhaussauna
(neben der Lewitz-Mühle)

Für das leibliche Wohl

Hotel – Restaurant Lewitz Mühle
19079 Banzkow, An der Lewitz Mühle 40
Telefon: 03861–505 - 0

Trend Hotel Banzkow
19079 Banzkow, Plater Str. 1
Telefon: 03861 - 7114

Restaurant Lewitz-Bistro Banzkow
19079 Banzkow, An der Lewitzmühle 3
Telefon: 038 61 – 7362

Pony-Bar Banzkow
19079 Banzkow, Straße der Befreiung 1
Telefon: 038 61 – 7253

Die kleinste Fachwerkkirche Mecklenburgs, 1692, auf dem von alten Bäumen bestandenen Dorfanger, vormals ein Friedhof

Peckatel

Das östlich von Plate gelegene Kirchdorf befindet sich im Landschafts-schutzgebiet Lewitz. Einige leiten den Namen von kotel = Kessel ab, was aber nicht bewiesen ist. Peckatel ist ein sehr alter Siedlungsort, es wurde später zum Bauerndorf.

Nahe dem jetzigen Dorf wurde drei Hügelgräber gefunden: Der Königs-berg mit dem berühmten Bronzewagen und Griffhangelschwert, der Rummelsberg mit dem aus Feldsteinen aufgeschichteten Tisch. Beide „Berge" sind mit Sagen verknüpft. Der dritte Hügel ist zerstört. Das Dorf ist insgesamt recht sagenreich.

Der Teufelsdrachen holt zwei Seelen Dem Bauern Johann blieb das Unglück auf den Fersen. In seiner Not schloss er auf dem Kreuzweg, wo der Pinnower den Peckateler Weg schneidet, mit dem Leibhaftigen ein Bündnis. Seitdem wurde sein Vieh glatt und rund. Die Bauern schickten den Nachtwächter, Johanns Hof zu beobachten. In der Nacht kam der Draak geflogen, ein langes Ungeheuer. Der Nacht-wächter knöpfte sich rasch die Hosen ab und zeigte dem Draak seinen blanken Hintern. Vor Schreck ließ der seine ganze Last fallen, zwanzig Zentner Hafer. Erst als der Nachtwächter die versteckt hatte, meldete er dem Schulzen die Geschichte. Die Bauern wussten, wie sie den Draak in Johanns Haus bannen konnten. Da aber begann er zu glühen und das Haus brannte ab. Johann und seine Frau kamen im Feuer um und der Teufel hatte zwei Seelen mit einem Mal.

Peckatel – Raben Steinfelder Forst

Zum Kreuzweg: Von der Kirche Richtung Norden, weiter „Am Sandberg" geradeaus, ab Ortsausgangsschild 800 m bis zum Waldrand Raben Steinfelder Forst (Sandweg, Wanderweg Richtung Pinnow).

Die Tafel im Königsberg *Die Unterirdischen im Königsberg erschienen hin und wieder auf dem Hügel und speisten an einer Tafel. Ihr Getränk fuhren sie mit einem kostbaren Wagen um den Steintisch. Ein Junge aus Peckatel nahm von der zierlich gedeckten Tafel heimlich ein Messer. Nun konnte sie nicht mehr im Hügel versinken. Als er es auf Geheiß des Vaters wieder hingetragen hatte, versank die Tafel und wurde nie wieder gesehen.*

In der Nähe des Dorfes sah man auf der weiten Ebene der Feldmark nahe beieinander drei Kegelgräber. 1843 fand man im Königsberg, dem mittleren der drei Hügel, einen Bronzekessel auf einem vierrädrigen Fahrgestell. Er gehört heute zu den berühmten Ausstellungsstücken des Amtes für Bodendenkmalpflege in Mecklenburg-Vorpommern.

Am Königsberg bei Peckatel

Zum Königsberg: Von der Kirche aus in nördlicher Richtung vor dem Friedhof rechts in den Zietlitzer Weg einbiegen, dann weiter rechts haltend, insgesamt 700 m. Rechtsseitig ein Acker, mit dem Königsberg/Rummelsberg an der hinteren Grenze. Wegen landwirtschaftlicher Nutzung weitgehend abgetragen und kaum noch wahrzunehmen. Nicht zugänglich.

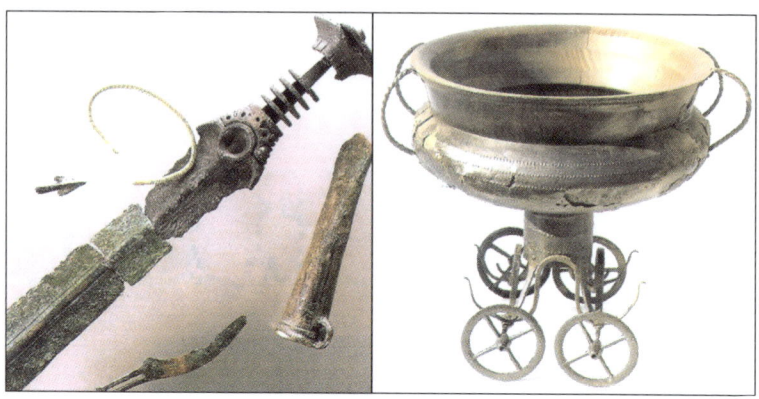

Griffhangelschwert und Kesselwagen aus dem Königsberg – heute im Archäologischen Landesmuseum Schwerin

Das Kind aus dem Rummelsberg

Die Unterirdischen brachten einer Bauersfrau ihr neugeborenes Kind und nahmen dafür das Kind der Bäuerin mit. Einmal richtete die Frau ein Ei so an, wie es die Bauern immer machten. Daraufhin sprach das Zwergenkind: „Ich bin so alt wie Böhmer Gold, aber so was habe ich mein Lebtag nicht gesehen." Dafür züchtigte die Frau das Kind. Da nahmen es die Unterirdischen zurück und brachten seitdem keins wieder.

Der Messerdieb stirbt Die Unterirdischen stellten eines Tages für die Knechte eines Bauern auf dem Acker ein gedecktes Tischchen mit Brot, Butter und Milch. Die ließen es sich schmecken. Der eine aber steckte heimlich ein Messer ein. Als er es benutzen wollte, fuhr das Messer dem Dieb ins Bein und an der Wunde starb er bald darauf.
Am Rummelsberg

Der behexte tote Ochse Einem Bauern krepierte ein Ochse. Der Schinder bekam den toten Ochsen nicht über die Grenze. Der Bauer hatte ihn behext. Am anderen Tag saß der Bauer auf dem Ochsen, schnitt Fetzen aus dem Fleisch und aß sie auf.

Der Tod des Spielverderbers In Peckatel wütete oft der Waul. Ein Schäferknecht wollte ihm das Spiel verderben. Er jankerte mit, als ob er zum Gefolge des Wauls gehörte. Der Waul warf ihm eine Menschenkeule zu, die sollte er essen. Doch der Schäfer vergrub sie. Drei Tage später war er tot.

Kirche von Sukow (1880-1883)

Sukow

Das sagenreiche Sukow liegt südöstlich von Schwerin und südlich der B 321 (von Schwerin nach Crivitz/ Parchim). Der Ort gehört zum Landschaftsschutzgebiet Lewitz. Er ist seit vielen Jahren Zentrum des Reitsportes. Durch die Vorortlage zur Landeshauptstadt Schwerin und die schöne Umgebung verdoppelte sich fast die Einwohnerzahl in den letzten Jahren.

Erstmalig urkundlich erwähnt wird Sukow 1348, es ist aber um vieles älter. So wie bei Plate und Peckatel gab es auch bei diesem Dorf Hügelgräber (allerdings alle zerstört), die auf eine Besiedelung seit drei bis viertausend Jahren hinweisen. Vielleicht ist das eine wichtige Ursache dafür, dass dieses Dorf voller mystischer Sagen ist, vor allem über die Wilde Jagd und die kleinen Unterirdischen, die hier als Weiße Weiber erscheinen.

Die Elendseichen *Nahe dem Hahnenkamp standen drei Eichen, die „Elendseichen". Auf dem Hof soll ein Graf namens Hahn gewohnt haben. Zu ihm kam eines Tages ein Armer und bat um eine Gabe. Der Reiche aber jagte ihn mit der Hundepeitsche vom Hof. Es war gerade ein Gewitter im Anzug. Da bat der Arme den lieben Gott, er möchte den Blitz in das Haus des Hartherzigen schlagen lassen und ihn selber aus der Welt nehmen. Wie er bei den Eichen ankam, sah er den Hof des Reichen in Flammen stehen. Der Hofbesitzer lief voller Verzweiflung ebenfalls zu den Eichen. Kaum hatte er sie erreicht, fuhr ein Blitz vom Himmel und tötete Beide.*

Die Elendseichen standen bei der früheren Büdnerei 28, heute Am Kamp 6. Von Sukow aus Richtung Plate/Banzkow am Dorfausgang.

Wo die Elendseichen einst standen

Der Waul entschädigt eine Magd *Bei einem Bauern fiel die Wilde Jagd ein und begann, den Teig aufzufressen. Da jammerte die Magd. Sie wurde mit Pferdemist entschädigt, der am anderen Morgen Gold war.*

Von der gerechten Frau Wode *Frau Wode kam oftmals bei einer alten Bäuerin vorbei. Manchmal schlichen sich die Weißen Weiber, kleine, diebische Unterirdische, in ihr Gefolge ein. Eines Tages naschten sie heimlich vom Teig. Da band sie Frau Wode an den Haaren zusammen, warf sie übers Pferd und ritt davon.*

In den Stahlbergen im Gädebehner Forst

Hundedreck wird zu Gold *Ein Bauer fand im Wald einen kranken Hund. Er pflegte ihn gesund und wurde dafür von der Wilden Jägerin mit Hundedreck belohnt. Der Dreck wurde zu lauter Gold.*

Frau Waur fängt ein Weißes Weib *Ein Weißes Weib wohnte auf einem Horst bei Sukow. Es neckte die Hirten und Forstarbeiter viel. Da wurde sie von der Wilden Jägerin gefangen.*

Weiße Weiber stehlen Kinder *Bei einem jungen Bauern wohnten unter dem Kuhstall zwei Weiße Weiber, die ungetaufte Kinder stahlen und dafür ihre Wechselbälge unterschoben. Deshalb wurde später jedem ungetauften Kind des Nachts zum Schutz ein brennendes Licht an die Wiege gestellt.*

Weiße Weiber brauen Bier *Bei einem anderen Bauern lebten Weiße Weiber unterm Viehhaus. Jeden Neumond liehen sie sich einen Braukessel. Am dritten Abend gaben sie ihn mit einigen Kannen guten Bieres zurück. Schweine wollten in dem Stall nicht gedeihen, wohl aber Kälber.*

Der Rat des Unterirdischen *Ein Bauer säte Korn ein. Da sah er ein kleines Mädchen mit einem langen Bart. Es riet ihm, zur anderen Stunde zu säen. Das tat der Mann. Als die Erntezeit kam, hatte das zuerst gesäte Korn nur Brand und Schmeiß. Das letzte aber gab zwanzigfache Löhnung.*

Die ehemalige Hufe 13

Die räuberischen Krügersleute
Wo jetzt an der ehemaligen Frachtstraße der Bauernhof steht, befand sich in alten Zeiten ein Krug. So mancher Fuhrmann verschwand hier und wurde nie wieder gesehen. Ihr Geld aber fand sich nach vielen Jahren in einem Schatz an.
Bei Bauarbeiten auf der Hufe 13, heute Hauptstraße 42, fand man vor Jahren tatsächlich einen Schatz mit 745 Münzen aus dem 15. und 16. Jh.

Weitere Tipps
Kirche. Kuppel und Hahn sind vergoldet. Im Turm hängen drei Glocken, die kleinste stammt wahrscheinlich aus dem Jahr 1614. Informationen und Anfragen zu Führungen: Ev.-Luth. Kirchgemeinde Pinnow Tel. 03960 – 531, oder bei: Eva Rohde Tel. 03861 - 7424
Settiner See. Östlich des Ortes
Reiterpension Mietz
Kaffeefahrten in die Lewitz. Tagesfahrten.
Am Kamp 7, 19079 Sukow, Tel.: 03861 – 7902
Norddeutscher Kinderbauernhof Zietlitz e. V. s. Zietlitz

Für das leibliche Wohl

Zur Linde
19079 Sukow , Bahnhofstraße 10, Telefon: 03861-530
Bistro zur Schmiede
19079 Sukow , Schmiedestraße 1, Telefon: 03861-302053

Das fast zugewachsene Wasserloch bei Zietlitz

Zietlitz

Das kleine Straßen- und ehemalige Gutsdorf liegt am Rande des Gädebehner Forsts, zwischen dem Pinnower Berg im Westen und den Stahlbergen im Osten. Das Gut wurde zu Beginn des 20. Jh. zu Büdnereien
aufgesiedelt.

Das Mädchen im Wasserloch *Bei Zietlitz ist ein Wasserloch, darin lebt ein Mann. Wenn die Mädchen zum Wasserholen kamen, dann griff er sich eine, schnitt sie mitten durch, schlug ihr Kopf,
Hände und Füße ab und legte alles in einen Kessel. Keiner traute sich
mehr dorthin. Eines Tages aber ging wieder ein Mädchen zum Wasserholen. Der Wassermann konnte sie nicht durchschneiden, sie hatte einen breiten festen Gürtel um. Sie musste ihm nun die Wirtschaft
besorgen. Einmal öffnete sie heimlich die verbotene Kammer. Da sah
sie die Leichen der vielen anderen Mädchen. Durch ein großes Glück
konnte sie sich selber retten und auch die anderen Mädchen wieder
zum Leben erwecken.*

Der Grund für die außergewöhnlich grausame Sage konnte noch nicht
ausgemacht werden.

Zum Wasserloch: Nahe dem Ortsausgang in Richtung Peckatel befindet
sich an der Ecke zum „Bodderwech" (Butterweg) die stark bewachsene
Wassersenke.

Vom Riesenstein bei Zietlitz *Zwischen Peckatel und Pin-*
now lebten zwei Riesen. Dem Einen löste sich beim Pflügen das Pflug-
eisen. Das klagte er dem anderen. Am anderen Morgen schlingerte der
ihm mit der Peitsche einen riesigen Stein zum Festklopfen hin. Der Fels
war so groß, dass man davon die steinerne Brücke über die Bietnitz im
Raben Steinfelder Forst bauen konnte.

Die steinerne Brücke ist nicht mehr vorhanden. Eine Brücke über die
Bietnitz findet man von Zietlitz Richtung Raben Steinfelder Forst (nach
Westen) nach ca. zwei Kilometern.

Der Riese im goldenen Sarg *Am Wege von Peckatel nach*
Pinnow lag früher ein großer Stein mit dem Abdruck einer Hand. Den
hatte ein Riese vom Stahlberg aus geworfen. Der Riese soll mit einem
goldenen Schwert umgürtet in einem goldenen Sarg fünf Meilen im
Umkreis des Steins liegen.

In den Stahlbergen im Gädebehner Forst

Weiterer Tipp
Nordeutscher Kinderbauernhof Zietlitz e. V. Seit 2007 im Entstehen.
Auf einer fünf Hektar großen Fläche wird es eine Streuobstfläche und
eine Rundscheune mit Back- und Räucherofen geben. Auf dem Kinderbauernhof mit vielen heimischen Tierarten sollen auch spezielle, fast
ausgestorbene Haustierrassen gezüchtet werden. Lernen, woher Milch
und Eier kommen, wie dick Kürbisse werden – für Kinder und Erwach-
sene gleichermaßen interessant.

Nordeutscher Kinderbauernhof Zietlitz e. V
Zietlitzer Str. 6, 19079 Sukow
Tel.: 038 61- 30 29 772 (Tourismusinformation Banzkow)

Hotel und Restaurant Waldschlößchen

Inh. J. Suhr
19089 Crivtz , Schweriner Chaussee 8
Telefon: 03863-5430-0
Fax: 03863-5430-99
Internet: www.waldschloesschen-mv.de
E-mail: kontakt@waldschloesschen-mv.de

Von Zietlitz zur B 321, dort nach rechts Richtung Crivitz ca.
drei Kilometer.

III. Rund um die Pinnower Seen

Sechs Seen südöstlich des Schweriner Sees, um sie herum oder dazwischen eingebettet die Dörfer Raben Steinfeld, Godern und das sagenreiche Pinnow – Steilufer, mächtige Hügel, Wälder und Wiesen, eine bezaubernde Wohn- und Wandergegend.

Schloss Raben Steinfeld. Im Oberdorf. Richtung Leezen und dann links den Forstweg nehmen.

Raben Steinfeld

Das Oberdorf liegt auf einem schmalen Höhenzug zwischen Schweriner und Pinnower See und ist von Wäldern umgeben. Das Unterdorf befindet sich südlich der B 321 nahe dem Störkanal am Rand der flachen Lewitz. Es grenzt an den großen Raben Steinfelder Forst.

In der Raben Steinfelder Flur bestand schon in slawischer Zeit eine Befestigungsanlage, die den Übergang über die Stör sicherte. Bereits 1160 aber befand sich hier eine deutsche Burg. Das ehemalige Dorf „Stenfeldt" (erstmals 1410 erwähnt) ging 1410 als Lehen an die von Ravens. Seit 1683 war es ein Gutsdorf, das nun ihren Namen Raben und dazu Steinfeld trug. Steinfeld ist wörtlich zu nehmen, es meint die sehr steinigen Felder der Umgebung (Endmoräne).

1847 wird das Gut zum Hausgut der Großherzöge von Mecklenburg-Schwerin. Es wird zu einem repräsentativen Sommersitz ausgebaut und erhält jetzt auch ein Gestüt.

Das Schloss liegt in einem großen englischen Landschaftspark, der sich bis zum Schweriner See erstreckt. Hier sind die 34 „Raben Steinfelder Eichen" zu finden – die stärkste unter ihnen hat einen Umfang von 7,40 m. Auch andere dendrologische Besonderheiten erblickt man im Park.

Eine architektonische Seltenheit an der Straße nach Leezen: Zwölf Gestütswärterhäuser im englischen Landhausstil für die herzoglichen Bediensteten, 1863-69 errichtet. Heute Wohnhäuser.

Kühe werden durch die Wand gemolken *Eine Bäuerin hatte nur eine einzige Kuh und doch mehr Butter und Milch als zwei Bauern zusammen. Weil nun einige Nachbarn fanden, dass die eigenen Kühe morgens wie ausgemolken waren, sollte der Nachtwächter nach dem Rechten sehen. Eines Morgens fand er die Alte, wie sie gerade einen Zapfen in ein Astloch in der Wand des Nachbarstalls steckte. Dann molk sie den Zapfen. Und tatsächlich kam da Milch heraus. Der Nachtwächter packte die Alte, aber sie biss ihn in die Hand. Die Hand heilte nicht mehr und der Nachtwächter starb daran.*

Die goldene Wiege *Unter einer mächtigen Eiche lebten die Unterirdischen. Sie waren recht begütert und hatten für die Kinder des Königs eine goldene Wiege. Wegen des Goldes litten sie unter den Nachstellungen der Menschen. So beschlossen sie auszuwandern. Sie ließen sich über die Stör setzen und verschwanden für immer. Die schwere goldene Wiege blieb zurück, tief in der Erde unter der Eiche.*
Vom Schloss aus den Forstweg nehmen, er biegt dann nach rechts ab, hier jedoch ca. 30 m geradeaus weitergehen. Die große Stieleiche auf der linken Seite ist als Naturdenkmal ausgeschildert.

Naturdenkmal Stieleiche unweit des Schlosses

Aus dem Schweriner See entsprang bei Raben Steinfeld die Stör und schob sich in zahlreichen Windungen in die Lewitz. Brücken gab es lange Zeit nicht. Die Ufer waren versumpft und boten keinen festen Halt. Entweder durchwatete man das Flüsschen an seichten Stellen oder nutzte die Fähre.

Der Auszug der Unterirdischen aus Mecklenburg

Die Ünnerirdischen wollten in die Türkei ziehen. Das Brot wurde ihnen in Mecklenburg zu sehr gesegnet. Der Fährmann bei Raben Steinfeld setzte sie über. Er hörte das Trippeln vieler Füßchen, sah aber niemanden. Auf der anderen Seite des Störkanals ließ ihn der König der Zwerge mit einem Trick sehen, wie Hunderte und wohl Tausende der kleinen Wesen vom Boot zum Ufer gingen.

An der Stör bei Raben Steinfeld

Der Großherzog spielt mit dem Teufel Karten Der Großherzog soll einer Sage nach am Steinernen Tisch gesessen und mit dem Petermännchen und dem Teufel Karten gespielt haben.

Der Steinerne Tisch liegt östlich der Autobahn am Wanderweg um den Pinnower See Richtung Godern (Norden), s. Godern

Weitere Tipps
Gedenkstätte mit der Plastik „Die Mutter". In der Nähe Raben Steinfelds endete am Störkanal am 2. Mai 1945 der Todesmarsch von 30 000 Häftlingen des Konzentrationslagers Sachsenhausen. An der Stelle befindet sich eine Gedenkstätte mit der Plastik „Die Mutter" und vier Relieftafeln von G. Thieme (entstanden 1973 – 1976).

Geologisches Museum & Natursteinmanufaktur
19065 Raben Steinfeld, Ringstraße 1
Telefon: 03860-501063

Reitverein „Hubertus" e.V. Raben Steinfeld
19065 Raben Steinfeld, Leezener Str. 18
Tel.: 03860 - 226

Findlingsgarten (im Entstehen). Findlinge aus unterschiedlichem Material. Aus Schwerin kommend hinter dem Ortseingangsschild am Waldrand rechts.

Campingplatz und Sportboothafen „Süduferperle"
19065 Raben Steinfeld, Forststraße 19
Telefon: 03860-312

Forsthaus im Schweizer Stil (1856).
Am Charlottenberg/Ecke Crivitzer Chaussee

Für das leibliche Wohl

Restaurant Rabenstein
19065 Raben Steinfeld, Residence Park 5-7
Telefon: 03860-580270

Hotel & Restaurant Rabennest
19065 Raben Steinfeld, Peckatelerstraße 5
Telefon: 03860-8011

Pinnow

Das sagenhafte Dorf Pinnow (1265 erstmals erwähnt) liegt nur wenige Kilometer östlich von Schwerin in einer wunderschönen hügligen
Landschaft mit sechs Seen und einem Flüsschen. Um das Dorf herum
grünen Wiesen und Wälder. Aus der Lewitz kommend fließt die Bietnitz
zwischen dem ehemals slawischen Pinnow und dem einst davon unter-
schiedenen deutschen Dorf Petersberg in den Binnensee. Nahezu die
gesamte westliche Gemarkung Pinnows ist Landschaftsschutzgebiet,
die Gegend nördlich des Petersberges und nordöstlich des Flugplatzes
ist das Naturschutzgebiet Pinnower Trockenhänge.

Zu Pinnow gehört alles, was so ein richtiges altes Dorf ausmacht und
noch mehr, Rohr gedeckte Häuser und eine Kirche, Dienstleistungs- und
Handwerksbetriebe, Einkaufszentrum, gastronomische Einrichtungen
und Pensionen, Feuerwehr, Friseur und Frauenchor, Musikgruppen,
Sportanlagen, Fußballmannschaft sowie ein Segelflugplatz. Und außergewöhnlich viele Sagen. So verwundert es nicht, wenn die Einwohner
eine der Sagengestalten, das Petermännchen, in das Gemeindewappen
setzten.

Das Dorf hat zwölf Sagenorte mit fünfzehn unterschiedlichen Sagengestalten bzw. Sagenmotiven und zu ihnen über 20 Sagen. Sie sind der
Widerschein einer Besiedlung schon seit der Steinzeit und der Lage
an einem später hier verlaufenden wichtigen Handelsweg (durch Pin-
now/ Petersberg führte der Frachtweg und später auch der Postweg
von Hamburg – Schwerin nach Güstrow – Rostock. Im 16. Jahrhundert
zogen hier auch die Pilger aus dem Westen zum Wallfahrtsort Sternberg.
Im 30-jährigen Krieg und während der napoleonischen Besetzung war

Sagenhafte Orte

dies auch Heerstraße). Besonders viele Sagen spielen am Petersberg. Und tatsächlich belegen Funde: Unterhalb des Berges, bis zum 19. Jh. „Hoher Berg" genannt, war eine slawische Siedlung. Am Wasserwerk, nahe dem Kuckucksberg, wo der Sage nach die Wilde Jagd haust, war ebenfalls eine slawische Siedlung. Sogar auf der Sagen umwobenen Insel Fischerwerder, auch Borgwerder genannt, siedelten Slawen. Der alte Name Borgwerder (Burginsel) und Reste einer alten Brücke von der Insel zum Festland in der Nähe der Steinernen Tisches weisen darauf hin.

Tanz um den Altar *Es waren zwei Mädchen in Pinnow, die den lieben Gott und sein Wort verachteten. Sie tanzten beide zum Spaß in der Kirche um den Altar herum. Dann aber konnten sie nicht mehr aufhören und mussten weiter tanzen, Tag und Nacht, bis sie immer dünner und durchscheinender wurden und schließlich nichts mehr von ihnen zu sehen war. Nur manchmal glaubt man, noch etwas wie zarte durchsichtige Schleier um den Altar herum schweben zu sehen. Das sind die Seelen der Mädchen.*

Die mit Rosen umpflanzte Kirche aus dem 14. Jh. steht auf dem Friedhof im Zentrum des alten Dorfes. Sie wurde wahrscheinlich auf einer slawischen Kultstätte errichtet. Das war im 12./ 13. Jh. bei den deutschen Eroberer so üblich, um den heidnischen Glauben möglichst vollständig auszurotten und durch den christlichen zu ersetzen.

Der Waul bringt Brotteig

Als die Bauern wieder einmal den Teig vorbereitet hatten, fiel die Wilde Jagd darüber her und labte sich. Der Waul füllte zum Dank den Trog bis obenhin mit neuem Teig. Nie in ihrem Leben hatten die Bauern jemals solch köstliches Brot gegessen.

Die Reste des Petersberger Backofens sind als kleiner Hügel vom Zietlitzer Weg aus auf dem Privatgrundstück Müller noch einsehbar.

Die verwunschene Förstersfrau

Am Kuckucksberg im Pinnower Holz zieht, vor allem in stürmischen Nächten, die Wilde Jagd mit Frau Waur entlang. Sie ist eine Förstersfrau, die mit ihren 24 Kindern nicht mehr zurecht kam. In ihrer Verzweiflung verwünschte sie die Kinder in Hunde. Nun muss sie mit ihnen ewig durch die Lüfte jagen.

Der Kuckucksberg ist eine kaum noch wahrnehmbare Anhöhe an der B 321 unmittelbar südlich vor dem Wasserwerk.

Wie Petermännchen zu Hut und Stelzen kam

In Pinnow soll ein kleiner Schmied, Petermännchen genannt, gelebt haben Er fand unter seinem Amboss einen Schatz mit einem Stirnreif. Dieser verwandelte sich unter seinen Händen in ein Mädchen, das er zur Frau nahm. Er half den armen Leuten gegen den hartherzigen Schweriner Mühlengrafen und sie halfen ihm, als er von den Knechten des Grafen gesucht wurde. Mit Hilfe von Hut und Stelzen machten sie kurzerhand aus dem Kleinen einen großen Mann. Als Geist hilft er den guten Menschen und bestraft die Bösen.

Die Schmiede, heute nicht mehr auszumachen, befand sich auf der Petersberger Seite.

Das silberne Krüglein

Die kleine Unterirdische Hanna vergisst im Petersberger Krug ihre silberne Kanne mit Bier mitzunehmen, als sie vom Tod Sannas erfährt.

Der Sagenort Petersberger Krug befand sich an der Bietnitz auf der Petersberger Seite.

Am Hilligensee

Drei Münzen als Taufgabe *Die Unterirdischen legten nach der Taufe ihrer Neugeborenen jeweils drei Münzen als Taufgabe auf den Stein am Hilligensee.*

Totenwäsche
Mit dem Wasser aus diesem See tauften die Unterirdischen ihre Kinder und wuschen die Toten . Bis nach dem ersten Weltkrieg übten auch die Einwohner des Dorfes den Brauch.

Der Hilligensee, d.h. der Heilige See, befindet sich am Weg von der Gaststätte „Petersberg" in Richtung Flugplatz, südöstlich des Petersberges in einem Tal. Linker Hand ist der bewaldete Petersberg zu sehen, rechter Hand der kleine See.

Am Petersberg

Der 66 m hohe bewaldete Petersberg ist eher als lang gestreckter Hügel zu bezeichnen. Er liegt am Weg zum Segelflugplatz. Früher nannte man ihn Hoher Berg. Er ist Handlungsort von Zwergen-, Spuk- und Schatzsagen. In der heidnischen Religion ist der Berg Sitz des slawischen Grenzgottes Cernebog. Die Unterirdischen betreuten sein Gestüt, betrieben eine Schmiede, versorgten den weißen Hengst des Gottes und holten Wasser aus dem nahe gelegenen Hilligensee. Ein unterirdischer Gang führte zur Insel Borgwerder im Pinnower See. Aus den Unterirdischen ging das Petermännchen hervor.

Die Schieldinge
Unterirdische bedrohten am Weg einen Reiter, weil er sie verspottete.

Die goldene Wiege des Königs
Auf dem Petersberg lagen früher größere Steine aufgehäuft. Darunter soll die goldene Wiege des Königs der Unterirdischen vergraben sein. Unter einem der Steine lag der goldene Schlüssel des Petermännchens.

Das Petermännchen als Schmied und Schlossgeist von Schwerin
Das Petermännchen hat im Petersberg seine Schmiede. Man kann ihn heute noch hören, wenn man das Ohr auf den Boden legt. In einer Nacht flog er auf einem Schimmel durch die Luft ins Schweriner Schloss. Vom Petersberg hat er auch einen unterirdischen Gang bis nach Schwerin.

Petermännchen löscht das Licht
Petermännchen löschte das Licht der Kinder, die durch einen Gang in sein Reich im Petersberg eindringen wollten.

Spuk am hohen Berg
Ein unheimliches Wesen, halb Mensch, halb Tier, soll sich am Fuße des Berges aufgehalten haben. Ein Reiter, der sich an dieser Stelle zum Schlafen niedergelegt hatte, wachte nicht mehr auf.

Die misslungene Erlösung
Die Weiße Frau hielt am Weg beim Petersberg einen Kirchgänger eine Stunde lang vergeblich fest, weil sie erlöst werden wollte.

Ein Mädchen holt Wasser
Ein Kirchgänger aus Godern trifft am Petersberg ein seltsam gekleidetes Mädchen. Sie trägt zwei Eimer mit Wasser und verschwindet plötzlich im Berg.

An der Glückskuhle, links im Grund

Die Glückskuhle
Hier ist eine goldenen Wiege vergraben, die der Müller von der Godernschen Mühle mit Hilfe des Teufels heben wollte.

Auf dem Weg von Pinnow nach Godern, am Weg zwischen Segelflugplatz und Petersberg, liegt nahe dem Berg in der Senke der Koppel die Glückskuhle. Dahinter befindet sich ein verlandender See, der Köllick, im Feuchtgebiet des Mühlsees. (In Höhe des Flugplatzgebäudes links über eine kurze Gras bewachsene Auffahrt den Weg an der Koppel nehmen).

Die Erlösung des verzauberten Mädchens
Ein junger Fischer aus Pinnow fuhr eines Tages auf die Fischerinsel im Pinnower See. Da verfing sich ein sprechendes Wesen im Netz, ohne Arme und Beine, von Gestalt nicht Mensch noch Tier. Die Gestalt sagte, sie wäre ein verzaubertes Mädchen und bat, sie in der folgenden Mitternachtsstunde zu erlösen. Er müsste sie dreimal um die Insel tragen. Dabei würde allerlei schreckliches Gewürm erscheinen. Und sie wäre erlöst, wenn er ihr nach der dritten Runde einen Kuss gäbe. Der Fischer packte sich die Gestalt auf den Rücken und alles geschah, wie vorhergesagt. Er lebte als reicher Mann glücklich bis an sein Lebensende.

Der brennende Schatz
Ein alter Fischer sah ein blaues Flämmchen auf der Insel und fand einen großen Schatz. Eine unsichtbare Stimme warnte ihn davor, mehr als zweimal davon zu nehmen. Der Fischer hielt sich daran und konnte das Geld unbehelligt an Land bringen.

Die Insel Borgwerder/Fischerinsel im Pinnower See ist fast von jedem Teil des Ufers aus zu sehen.

Das weiße Hündchen *Ein Tagelöhner sah auf der Insel einen seltsamen weißen Hund, den er verjagte. Als er die Stelle erreichte, an welcher das Hündchen gestanden hatte, hörte er eine Stimme flüstern, dass ein unermesslicher Schatz an dieser Stelle vergraben sei. Er müsse in der nächsten Mitternacht nur dreimal völlig nackt die Insel umkriechen. Da floh der Tagelöhner vor Entsetzen und betrat die Insel nie wieder.*

Der Lindwurm am Pinnower See *Vor langer Zeit lag auf dem Lindhörn am Pinnower See ein friedfertiger Lindwurm. Die neugierigen Menschen aber störten ihn ständig. Schließlich zog er in die Lewitz, wo es ruhiger war. Er kroch in die Erde und warf sie wie ein Maulwurf auf. So entstand ein Damm. Die Leute nannten ihn „Lindwurmdamm". Als keiner mehr an Lindwürmer glaubte, hieß er nur noch Lindendamm.*

Der Lindendamm oder auch Lindhörn konnte noch nicht lokalisiert werden.

Eine Broschüre mit den ausführlichen Sagengeschichten über Schätze, Ungeheuer, Teufel, verwunschene Jungfrauen und andere Sagengestalten aus Pinnow soll mit umfassenden Wegbeschreibungen 2008 erscheinen.

Weitere Tipps

Pfarrgehöft. Fachwerkbau von 1774, nahe der Kirche.

Atelier Kalt. Malerei/Grafik.

19065 Pinnow, De Grund 7

Telefon: 03860-437

Skulpturenwerkstatt. Hans-Wolfgang Römer.

19065 Pinnow, Achter de Hüsler 6

Telefon: 03860-8188

Für das leibliche Wohl

Gasthaus Petersberg

19065 Pinnow, Zum Petersberg 16

Tel.: 03860-374

Badestrand in Godern mit Blick zum Buerbarg

Godern

Die Oberflächengestalt des Gebietes um Godern wurde in der Eiszeit geformt. In der Grund- und Endmoränenlandschaft gibt es mehrere Seen. Der Ort, ca. 10 km von Schwerin entfernt, befindet sich zwischen dem Pinnower und dem Mühlensee. Etwa ein Drittel des Ortsgebiets ist mit Wald bedeckt. Godern hat seinen dörflichen Charakter erhalten und besitzt noch eine alte, aber nicht mehr arbeitende Schmiede. Rechts am Ortseingang (aus Raben Steinfeld kommend) befindet sich eine großzügig angelegte Badestelle.

Das Dorf Godern wurde 1376 erstmals urkundlich erwähnt. Ausgrabungen belegen, dass Slawen Jahrhunderte zuvor am Mühlensee lebten. Sie verlegten den Siedlungsplatz später an den Pinnower See, vermutlich zur Verkürzung der Wirtschaftswege.

Mit Pinnow ist das Dorf durch den Kirchsteig (zwischen Kirchsee und Binnensee), über eine alte schmale Holzbrücke führend, verbunden. Eine zweite Verbindung verläuft vorbei an der Godernschen Mühle auf dem früheren Wismarer Frachtweg am Flugplatz und östlich des Petersberges.

Die Wassermühle liegt romantisch, abseits des Dorfes, am Auslauf des Pinnower Mühlensees in die Warnow. 1474 wird sie erstmals genannt. Bei den der Mühle zugewiesenen Zwangsmahlgästen aus den umliegenden Dörfern hatte der Goderner Müller „wegen ungebührlichen

Die Riesenlinde an der Wassermühle

matterns" einen denkbar schlechten Ruf. Er manipulierte stets den als „Matter" bezeichneten Mahllohn. Wegen der Nichteinhaltung des so genannten „Wasserpasses" lag der Müller zudem mit seinem eigenen als auch mit dem Dorf Pinnow häufig in Streit. Wenn er den See ungebührlich über die Marke des Wasserpasses anstaute, war der Kirchsteig zwischen Pinnow und Godern wegen Überflutung nicht zu nutzen.

1905 wird die Erbmühle letzmalig in ihrer Funktion als Mühle erwähnt Das Mühlengebäude dient heute als Wohnhaus. Bemerkenswert ist die seitlich des Mühlengebäudes unter Naturschutz stehende mächtige Linde, die wohl gewaltigste im weiten Umkreis.

Vom Badestrand kann man die Insel Borgwerder, auch Fischerwerder genannt, im Pinnower See sehen.

Die Krötenjungfrau von der Fischerinsel Kaum jemand weiß, dass eine uralte Kröte auf der Insel Borgwerder ein wunderschönes verwunschenes Mädchen ist. Alle hundert Jahre kann es erlöst werden. Ein guter Mensch muss in der Mitternachtsstunde ganz allein und schweigend die Insel umkriechen und die Kröte küssen.
Ein junger Fischer wollte es einmal wagen, war aber nicht waghalsig genug. Ab und an hört man ein klagendes Quaken von der Insel.

Der Steinerne Tisch gehört zwar zur Gemarkung Raben Steinfeld, ist jedoch am einfachsten erreichbar von der Badestelle Godern aus, auf dem westlichen Wanderweg um den Pinnower See Richtung Raben Steinfeld.

Der Großherzog spielt mit dem Teufel Karten Der Großherzog soll einer Sage nach an diesem steinernen Tisch gesessen und mit dem Petermännchen und dem Teufel Karten gespielt haben.

Mühlen waren oft ein sozialer Sammelpunkt. Meistens hatten sie auch einen Krug. Hier bahnte man Hochzeiten oder andere Geschäfte an. Die Godernsche Mühle hatte offiziell keinen Krug. So wird der Müller das Geschäft des Krügers heimlich betrieben haben, wie manches Andere auch. Aus der Zeit nach dem 30-jährigen Krieg wird von Beschwerden der Pinnower Bauern berichtet, dass der Müller ein Betrüger sei. Vielleicht ist die ältere Sage von der Goldenen Wiege in der Glückskuhle am Pinnower Petersberg mit der Teufelssage über den Müller in dieser Zeit zur folgenden Sage vereint worden.

Die Godernsche Mühle mit der riesigen Linde

Der Teufel in der Mühle *Der habgierige Müller der Godern-schen Mühle versuchte lange Zeit vergebens, mit Hilfe des Müllerbur-schen die goldene Wiege in der Glückskuhle am Petersberg zu heben. Schließlich bot der Teufel ihm seine Dienste an. Die Frauensleute im Haus merkten, dass der Müller dabei war, seine Seele zu verlieren. Sie holten in einer Nacht den Priester aus Pinnow. Da fuhr der Teufel mit einem Feuerschweif aus dem Schornstein heraus.*

Zur Mühle: Von Godern Richtung Gneven. Am Ortsausgangsschild Wan-derweg rechts „Am Mühlensee". Von Pinnow aus führt jeder Wanderweg Richtung Norden, am Petersberg vorbei, zur Mühle.

Die Weiße Frau am Strauchwerder *Drei Männer aus Godern waren nach dem Gottesdienst im Pinnower Krug gewesen und hatten beim Trinken die Zeit vergessen. Auf dem Rückweg sahen sie am Strauchwerder eine Frau in langem weißen Gewand. Übermütig verspotteten die Bezechten die Gestalt. Im selben Augenblick spürten die Männer einen eisigen Windhauch. Jedem von ihnen geschah im gleichen Jahr ein großes Unglück.*

Der Strauchwerder liegt an der jetzt Godern mit Pinnow direkt verbin-denden schmalen Landstraße (ehemals der Kirchsteig). Er ist eine mit Büschen bestandene leichte Anhöhe in den Wiesen am Südwestufer des Mühlensees, gegenüber der Kleingartenanlage. Merkwürdig ist, dass diese Anhöhe landwirtschaftlich nie genutzt wurde. Die Erklärung: Hier spukt es gräulich. Der Spuk von der Weißen Frau in den Sagen lässt - wie die vom Schimmelreiter - die Annahme zu, dass hier einst Menschen siedelten oder eine Kultstätte hatten.

Strauchwerder am Kirchsteig zwischen Godern und Pinnow

Weitere Tipps
Badestrand. Mit Bootsverleih. Am Nordufer des Pinnower Sees.
Geologischer Lehrpfad (gekennzeichnet). Schöner Wanderweg, Findlinge verschiedener Art, Bäume (gekennzeichnet), Aussichtsplattform.
Heidis Wandercamp
(bis Herbst 2008)
19065 Godern, Neu Godern 5
Telefon: 03860-210
Galerie. Heidi Lankow.
19065 Godern, Alte Dorfstraße 8
Telefon: 03860-580082
Atelier. Anne Pührer.
19065 Godern, Alte Dorfstraße 15 c
Telefon: 0385-4844696

Für das leibliche Wohl

Landhaus Godern
19065 Godern, Neue Dorfstr. 9A
Telefon: 038 60 – 50 15 51

IV. Um den Cambser See

Die Region reicht vom Schweriner See mit einem idyllischen Wanderweg nahe dem Steilufer im Osten bis fast an das Sternberger Seengebiet und das Tal der Warnow im Westen. Sie besitzt um die 30 Hügelgräber und ist reich an Sagen.

Blick von Görslow nach Schwerin

Görslow

Görslow liegt am Hochufer des Schweriner Sees. Das Ufer besteht aus zwei Terrassen, die durch Absenkungen des Wasserspiegels entstanden. Das Dorf ist, wie zwei Hügelgräber belegen, schon seit Jahrtausenden besiedelt. Der Ortsname ist slawisch (Gor-slaw = Berg-berühmt). Der deutsche Ritterhof Görslow wurde 1337 erstmals urkundlich erwähnt. Ein noch heute erkennbarer Turmhügel nordwestlich des ehemaligen Gutshofes stammt aus der Frühzeit des Rittersitzes. Die ehemaligen Landarbeiterhäuser entlang der Dorfstraße sind typisch für die einstigen Gutsdörfer. Das Gut wurde 1936 aufgesiedelt. Die Häuser der Siedler (an der Straße nach Leezen) wurden im Stil des Niederdeutschen Hallenhauses errichtet. Die Kirche, eine der wenigen klassizistischen Kirchen Mecklenburgs, wurde 1846 eingeweiht. Das Innere ist prächtig ausgestattet mit einer hölzernen Kassettendecke sowie mit einer blau gemalten und mit 250 goldfarbigen Sternen reich besäten Muschelwölbung der Apsis. Sie wird wegen ihrer hervorragenden Akustik gerne für Konzerte und Lesungen genutzt.

Kirche Görslow

Merkwürdigkeit der Kirche: Ihr Standort wurde durch den Gutsherrn so angeordnet, dass sie dem Gutshaus ganz genau gegenüber lag. Man sagt, durch das Schlüsselloch des Portals des Gutshauses habe man direkt zum Schlüsselloch der Kirchentür und weiter in deren Inneres sehen können. Ob das der Grund war, dass sich der Pfarrer zu sehr dem weltlichen Einfluss ausgesetzt sah und es zu einem Streit mit dem Gutsherrn kam? Das Gutshaus wurde 1972 abgerissen. Die Entfernung zur Kirche betrug etwa 500 Meter. Sie standen tatsächlich genau in einer Achse.

Der vergessene Hund *Vor vielen Jahren wohnte auf dem Görslower Schloss der Kammerherr von Behr. Er muss sehr verzweifelt gewesen sein. Er nahm eines Tages sein Jagdgewehr und erschoss sich. An das Leben seines braven Hundes hatte er davor überhaupt nicht mehr gedacht. Das Tier musste elendig verhungern. Seitdem zeigte sich ein Geist im Schloss. In bestimmten Nächten, hauptsächlich an den Zwölften, schlurfte er durch die Gänge und stöhnte dabei, dass den Menschen Angst und Bange wurde. Immer, wenn der Geist umging, kam über die Bewohner des Schlosses schweres Leid.*

Die Zwölften sind die heiligen Tage zwischen Weihnachten und dem Dreikönigstag (6. Januar).

Der geheimnisvolle Gang zum Schweriner Schloss
Zum früheren Gut Görslow gehörte ein Garten. In unmittelbarer Nähe erhebt sich noch heute ein auffälliger Hügel. Er soll der Aushub von einem unterirdischen Gang sein. Dieser führt unter dem See hindurch zum Schweriner Schloss. Der Schlossgeist Petermännchen benutzt diesen Gang, um schnell zum anderen Ufer zu gelangen.

Bei dem Erdhügel, der durch den Erdaushub vom Bau des unterirdischen Gangs entstanden sein soll, handelt es sich um die o. g. frühdeutsche Burganlage, den Turmhügel. Er hieß einst Schlossberg. Im Volksmund ist er der Petermännchenberg.

Von der grünen Glocke,
die zwei Schiffer in Ufernähe auf seltsame Weise zusammen mit einer Kiste Gold bekamen. Die Glocke sollen sie dem Dom zu Schwerin geschenkt haben.

Von der Alten mit den Schmalzzähnen,
die man in hellen Sommernächten im Dorf sah. Sie hatte ganz grässliche Zähne. Die waren so fleckig wie das Innere eines Schmalztopfes. Später fand man Skelette an dieser Stelle.

Der alte Friedhof befand sich bis 1792 in der Dorfmitte, etwa 150 m hinterm Feuerwehrhaus links. Er ist heute bebaut.

Von der Goldenen Wiege
in „Dreibergen". Das waren einst drei Hügelgräber auf der Görslower Feldmark. Von der vielen Schatzsucherei sind nur noch zwei übrig geblieben.

Die Hügelgräber Dreibergen

Dreibergen: Von Görslow die Landstraße Richtung Leezen. 300 m hinter der Gaststätte „Blick auf Schwerin" links, etwa 100 m von der Straße entfernt.

Weitere Tipps
Naturschutzgebiet Görslower Ufer. 200 m breit und zehn km lang. Eichen- und Buchenmischwald, Lehrpfad mit Informationstafeln.
Großsteingräber im nahen Waldgebiet. Hier wurden ganze Familien und Sippen bestattet. Aus Raben Steinfeld kommend etwa 100 m hinter dem Ortseingangsschild in eine Betonstraße nach rechts. Bis zum Waldrand (große Eiche). Hier nach links ca. 300 m. Dann den Waldweg rechts nehmen. Nach 400 m liegt im Jungeichenbestand das Größte der Görslower Steingräber, ca. 40 m lang und fünf m breit.
Quelle am Ufer des Schweriner Sees. Hinter Görslow Richtung Raben Steinfeld

Für das leibliche Wohl

Gaststätte Blick auf Schwerin
19065 Görslow, Siedlung 5
Telefon: 03860-8035

Schloss Leezen

Leezen

Von Leezen am Ostufer des Schweriner Sees hat man eine gute Aussicht über den See bis nach Schwerin. Es ist seit Jahrtausenden besiedelt (zwei Hügelgräber aus der jüngeren Bronzezeit).
1325 wurde der Ort erstmals urkundlich erwähnt. Das Gutshaus (1850) wurde von Carl Detlef Evers im neugotischen Stil entworfen. Heute dient es als Wohnhaus. Die Hauben der vorgelagerten Ecktürme erhielten bei den Sanierungsarbeiten ein modernes Design.
Hinter dem Gebäude befinden sich ein englischer Landschaftspark und die Rehabilitations-Klinik Leezen mit öffentlichem Cafe.

1758 wurde südöstlich von Leezen eine Schäferei errichtet. Sie erhielt den Namen Christinchendorf. In den Jahren des Siebenjährigen Krieges war das abseits gelegene und von Wäldern verborgene kleine Schäferdorf des öfteren Zufluchtsort der Einwohner von Leezen und Panstorf.
Der Ort bestand allerdings nur etwa dreißig Jahre. Die letzten Fundamente der Häuser von Christinchendorf wurden zum Bau der Landstraße von Leezen nach Langen Brütz verwendet.
Die Schäferei lag zwischen Görslow und Leezen, östlich der Landstraße am Waldrand.

Blick auf den Christinchenweg. Im Hintergrund der Turm des Schweriner Domes.

Der Schäfer mit dem Teufelsfell
In Christinchendorf lebte ein Schäfer, in dessen Herde plötzlich ein stattlicher Bock ganz rebellisch wurde. Eines Nachts ging der Schäfer in den Stall. Da stürzte sich ein wilder schwarzer Widder mit funkelnden Augen auf ihn. Sofort hielt er dem rasenden Tier das Kreuz entgegen. Da erdröhnte die Erde, dass dem Schäfer die Sinne schwanden. Als er wieder zu sich kam, lag das schwarze Teufelsfell mit zwei goldenen Glöckchen an den Hörnern neben ihm.
Die beiden Glöckchen brachte der Schäfer ins Zittower Gotteshaus. Das Fell aber behielt er und er wurde auch darin beerdigt. So konnte ihm der Leibhaftige im Leben und im Tod nichts anhaben.

Die Lindwurmstraße im See
Im Schweriner See haust ein Ungeheuer. Es sieht aus wie ein Lindwurm und besitzt einen Schweine- oder Affenkopf. Manche nennen es auf plattdeutsch „de Bost". Die Lindwurmstraße verläuft von Leezen nach dem Schweriner Schelfwerder hin. In ihr macht das Ungeheuer immer seinen Spaziergang. Wenn im Winter der See gefroren ist und der Lindwurm dort entlang zieht, türmt sich das Eis zu beiden Seiten auf. Solange er da hin- und her schwimmt, friert die Straße nicht zu. Hört man das Eis weithin auseinander krachen, sagen die Leute: „Dor smitt sik de Bost in!" (Da schmeißt sich die Bost rein!).
Der Lindwurm soll auf der Insel Kaninchenwerder leben, andere sagen, im Berg auf dem Ziegelwerder. Auch da hätten die Leute gehört, wie die Bost in den See sprang.
Beide Inseln kann man von Leezen aus gut erkennen.

Die Wilde Jagd *haust zwischen Leezen und Langen Brütz. Ein Rademacher wäre reich geworden, hätte er den Worten der Frau Waur vertraut.*

Tipp
Badebucht. Nordwestlich des Ortes in einem geschützten Erlenbruch.

Für das leibliche Wohl

Koch´s Hotel direkt am Schweriner See gelegen

Koch´s Hotel
19067 Leezen, Seestraße 19
Telefon: 03866-405-0

Leezener Hof
19067 Leezen, Hauptstraße 14
Telefon: 03866-203

Schloßcafe
19067 Leezen, Schloßstraße 8
Telefon: 03866-470799

Am Cambser See bei Langen Brütz

Langen Brütz

Bei Langen Brütz befanden sich drei bronzezeitliche Hügelgräber. Der Ortsname weist auf eine slawische Gründung hin. Die erste urkundliche Erwähnung der deutschen Siedlung stammt von 1335. Das Dorf musste mehrere Katastrophen verwinden. Am Ende des Dreißigjährigen Krieges waren die meisten Bauernstellen wüst, aufgegeben und verlassen. Das Rittergut wurde schon 1923 in Bauernstellen und Büdnereien aufgeteilt.

Die Vorstufe einer Sage. An der Straße von Leezen nach Langen Brütz, ca. einen Kilometer vor dem Ort, führt rechter Hand eine tiefe Schlucht etwa 100 Meter in den Wald hinein. Die steilen Abhänge bildeten einst die Ausläufer des Cambser Sees, dessen Wasserspiegel sich senkte. Dabei entstanden der Kleine und Große Pohlsee sowie diese Schlucht. Im Volksmund heißt sie heute noch das Schiefe Ufer. Wer an diesen Hängen entlang wandert, gelangt bald zu einer Gabelung. Der

Das Schwedenloch

südliche Weg führt zu einer Schlucht, die sich an ihrem Ende ausweitet und einen verborgenen Winkel bildet. Das ist das „Schwedenloch".

Hier brachten in kriegerischen Zeiten die Langen Brützer Bauern ihr Hab und Gut in Sicherheit und lebten dort auch mit ihren Familien für längere Zeit, wenn es sein musste. So soll es auch im Jahre 1676 gewesen sein. Schwedische Truppen zogen auf ihrem Rückmarsch nach der verlorenen Schlacht bei Fehrbellin nach Wismar. In Langen Brütz machten sie Halt. Jedoch fanden sie nichts zu beißen und mitzunehmen. Aus Wut darüber steckten sie das ganze Dorf in Brand. Die Langen Brützer saßen sicher in ihrem Versteck. Sie mussten aber tatenlos zusehen, wie ihr Dorf in Schutt und Asche versank. Seitdem heißt die kleine Schlucht am Schiefen Ufer das „Schwedenloch".

Gutshaus Langen Brütz

Der Gutsherr mit dem verdrehten Kopf

Der Gutsherr von Pressentin war hartherzig, reich und geizig. Mit einem einfachen Leiterwagen jagte er über die Felder. Zur Bestrafung der Leute hielt er sich aber extra einen „Slüter" (Schließer, Kerkermeister). Der musste die Tagelöhner auspeitschen, wenn der Gutsherr glaubte, sie sich hätten gegen ihn vergangen. Eines Tages blieb der Leiterwagen auf einem abschüssigen Weg auf einmal stehen. Ungeduldig riss der Herr dem Kutscher die Peitsche aus der Hand und wollte ihn schlagen. Im selben Moment fiel der Gutsherr tot um und lag lang gestreckt auf dem Leiterwagen. Sein Kopf stand verkehrt herum. Den hatte ihm der Teufel umgedreht. Daran glaubten die Leute ganz fest.

Weitere Tipps

Kirche. Sie ist ein einfacher neu-
gotischer Backsteinbau mit qua-
dratischem Turm. Sie wurde 1859
auf den Fundamenten eines Vor-
gängerbaues errichtet, an den
nur noch eine Grabplatte von
1661 und die 1462 gegossene
Glocke erinnern. Für den Stifter
der Kirche, den Gutsbesitzer J.P.H.
Diestel, und seine Familie wurde
eine eigene, baulich interessante
Grabkapelle geschaffen.

Damwildgehege. Nahe dem Landgasthaus Bondzio befindet sich ein
drei Hektar großes Gehege mit Damwild (im Jahre 2005 zwanzig Tiere).
Man erreicht das Gehege über den „Verlobungsweg" vom Landgasthaus
in fünf Minuten.

Umgebung. Landschafts- bzw. Naturschutzgebiet. Im Verlandungs-
gebiet des Cambser Sees liegen westlich von Langen Brütz der Große
und Kleine Pohlsee. Die Umgebung der Seen wird zu großen Teilen von
einem Erlenbruchwald und Moorflächen eingenommen. Hier finden
sich u.a. Kraniche, Schwäne, Wildgänse, Biber und Fischotter. Die Seen
kann man über die Kleefelder Straße erreichen.

Naturlehrpfad. Ausgeschildert.

Archäologischer Lehrpfad (bei Kritzow)

Cambser See. Badestelle, mit abgetrenntem Nichtschwimmerbereich.
Vom Ortsausgang Richtung Kleefeld hinterm Gutshaus.

Landhaus Bondzio
19067 Langen Brütz, Hauptstraße 21a, Telefon: 03866-46050

Hotel mit Waldglasmuseum.
Park mit modernen Plastiken.
Führungen/ Wanderungen
in die Natur und zu archäologischen Besonderheiten.

Das Auge Gottes, von P. Bravo, 2002

Panstorf

Panstorf ist schon seit Jahrhunderten mit dem Gut Leezen verbunden, zuerst als Nebengut, später als Schäferei und zeitweise auch als Meierei. Ob der Name tatsächlich mit dem slawischen Wort „pana" (= Frau) zusammen hängt, ist nicht erwiesen. Nordwestlich des Ortes befindet sich das Neue Torfmoor.

Die Frau als Hase *In Panstorf lebte ein Tagelöhner, der hatte eine sehr eifersüchtige Frau. Nun geschah es fast immer, wenn er für seine Kuh Häckerling schnitt, dass ein Hase kam und um ihn herum Männchen machte. Suchte der Tagelöhner den Hasen zu verscheuchen oder ihn gar zu schlagen, traf er allemal sein eigenes Schienbein. Eines Tages aber nahm er die Forke. Der Hase bekam einen recht ungewaschenen Schlag. Da humpelte er davon. Zu Hause fand der Tagelöhner seine Frau im Bett und arg zerschlagen.*

Feld bei Panstorf

Am Cambser See bei Zittow

Zittow

Das Dorf liegt in einer geschützten Talsenke des Cambser Sees. Die Anfänge der Ortschaft gehen offenbar auf slawische Zeiten zurück. „Zittow" soll von „Zeithecow" oder „Zuttecow" kommen. Es wird vermutet, dass es sich um einen „Ort des Sutek" gehandelt habe. Der Sutek war ein slawischer Naturgott. Diese alte slawische Siedlung muss eine besondere Bedeutung gehabt haben, so dass sie zum kulturellen Mittelpunkt der ganzen Gegend werden konnte. Wo sich heute auf der Anhöhe die Kirche befindet, könnte in slawischer Zeit recht gut das geschützte Heiligtum gestanden haben. Diese Höhe war ursprünglich eine kleine Insel und verband sich erst allmählich durch Rückgang des Seespiegels bzw. durch langsame Vermoorung und Versandung des Zwischengeländes mit dem Festland.

__Der Gutsherr als Leichenfledderer__ In Zittow starb ein Tagelöhner. Seine Frau besaß noch das Geld, um ihm eine ordentliche Bestattung zukommen zu lassen. Sie versteckte es unter dem Kopf des Toten. Die Leiche wurde im Sarg in der Kirche aufgebahrt. Der Gutsherr wusste vom Versteck. Er schlich sich in die Kirche und wollte dem Toten das Geld unter dem Kopf wegziehen. Da griff dieser plötzlich zu und hielt den Herrn fest. Als die Leute kamen, konnten sie dem Gutsherrn nur helfen, indem sie ihm die Arme absägten. Die nahm der Tote mit ins Grab.

Die spätromanisch-frühgotische Kirche von Zittow (13. Jh.), das erste Kirchgebäude dieser Gegend nach Einführung des Christentums in Mecklenburg.

Die Glocken von Zittow *Eines Tages hörten Kinder am Ufer des Cambser Sees bei Zittow, wie sich zwei große Steine mit Hanne Susanne und Äulglatt ansprachen. Dann verwandelten sie sich in Glocken.*

Ein reicher Bauer spannte sogleich vier Pferde vor seinen Wagen. Er wollte als erster am Ort sein und die Glocken nur für die Reichen aufladen. Als die Glocken auf dem Fuhrwerk standen und die Pferde anziehen sollten, fiel der Reiche vom Wagen, schlug mit dem Kopf gegen die Deichsel und war augenblicklich tot. Ein armer Bauer spannte die Pferde aus, dafür seine Ochsen ein und rief: „So, in Gotts Naam, vör arm und rik togliek!" (So, in Gottes Namen, für arm und reich zugleich!). Die Ochsen zogen die Glocken zur Zittower Kirche.

Im Jahre 1810 traf ein Blitzschlag die Zittower Kirche und ließ sie in Flammen aufgehen. Dabei zerschmolzen die beiden alten Glocken. Sie waren von zwei adligen Damen gestiftet worden. Nach ihnen hießen sie Äulgatt und Susanna, wird berichtet.

Am Cambser See bei Zittow

Weiterer Tipp

Der Cambser See ist bis zu 31 m tief, sein Wasser besitzt Trinkwasser-
qualität. Im See gibt es einen Barschberg, der seinem Namen alle Ehre
macht. Weitere hier vorkommende Fischarten sind: Aal, Brasse, Fluss-
barsch, Güster, Hecht, Karpfen, Rotauge, Rotfeder, Schlei und Zander.
Der gesamte See ist von einem Schilfgürtel umsäumt. In Zittow gibt es
zwei Stellen, an denen man vom Ufer aus angeln kann.

Für das leibliche Wohl

Pension Am See. 19067 Zittow, Dorfstraße 31, Telefon: 03866–6272

Ehemaliges Gutshaus Rampe

Rampe

Rampe - zwischen Schweriner Außensee und Innensee gelegen - wurde erstmals im Jahre 1171 urkundlich erwähnt. Es gehört zu den ältesten Orten am Schweriner See. Der Gutshof Rampe oberhalb am Ostufer des Schweriner Sees ist in Resten erhalten. Im mehrfach überformten Gutshaus befindet sich jetzt das Amt Ostufer Schweriner See.

Eine Glocke wird gefunden *Ein kleines Mädchen hütete seine Gänse an einem Wasserloch. Dabei fand es eine Glocke. Der reiche Herr aus Rubow ließ vierzig Ochsen zusammen spannen, doch die Glocke bewegte sich nicht. Da kam ein armer Bauer mit seinen vier Ochsen und sagte: „Für arm und reich zugleich!" So konnte er die Glocke aus der Erde befreien.*

Wasserloch bei Rampe

Weitere Tipps

Naturschutzgebiet Ramper Moor.

Paulsdamm (Benannt nach Großherzog Paul Friedrich). Bis 1842 gab es diesen Damm noch nicht. Da war an dieser Stelle nur das unwegsame Ramper Moor. Zwei Jahre lang mussten die Bauern der Umgebung mit Wagen und Karren Erde zum Dammbau heranbringen. Als Unterlage für die Erdmassen und zur Stabilisierung des Straßendammes durch das Moor waren in dieser Zeit allein 3000 Fuder mit Faschinen (große Rutenbündel zum Befestigen des moorigen Untergrundes) heran zu transportieren. Es war für alle eine große Erleichterung, als der Paulsdamm fertig gestellt war.

Garten der Sinne im Diakoniewerk „Neues Ufer".
In der Nähe des Dorfes befindet sich ein diakonisches Heim für behinderte Menschen. Der Garten der Sinne, der auf dem Gelände des Diakoniewerkes entsteht, ist ein Projekt zur Erfahrung und Entfaltung der Sinne. Die im Sinnesgarten bisher realisierten Stationen wie der „Pfad der Füße", ein Duft- und Kräuterbeet, eine geflochtene Weidenhütte, ein Dendrophon, ein Springbrunnen mit Sitzgelegenheiten u.a. fördern auf vielfältige Weise die Wahrnehmung und Kommunikation.
Zum Diakoniewerk: Am westlichen Ortsausgang (Richtung Schwerin) führt eine Straße am Ufer des Schweriner Sees in Richtung Retgendorf (ein Wanderweg beginnt nordöstlich von Rampe). Nach 2,8 km erreicht man das Diakoniewerk.

Kapelle von Cambs

Cambs

Das Dorf war wahrscheinlich eine slawische Ansiedlung. „Kampa" oder „kempa" soll Flussinsel bedeuten. Tatsächlich besaß der Ort bis ins Mittelalter hinein eine feste Wasserburg. Reste der Fundamente sind im Cambser Gutsgarten nahe der Fischerwohnung am See noch sichtbar. Ob diese Burg auch der in der Sage genannte Raubrittersitz war, ist nicht sicher. Im 17. Jahrhundert wurden die Gebäude der alten Burg niedergerissen, nachdem ein neues Herrenhaus erbaut worden war.

Die Parkseite des Gutshauses

Das Räuberschloss *In Cambs stand früher ein großes Schloss. Der Herr war ein arger Räuber. Seinem Handwerk ging er aber so geschickt nach, dass niemand ihn überführen konnte. Am liebsten raubte er starke Menschen. Eine Weile steckte er sie in den tiefen Keller. Wenn sie sich schließlich mit ihrem Schicksal abgefunden hatten, ließ er sie für sich arbeiten. Dann erhielt er doch noch die gerechte Strafe – ein Blitz erschlug ihn.*

Der Weiße Bulle vom Bollengrund *Ein Mann aus Zittow jagte gern in den Wäldern am Cambssee. Seine Nachbarin war eine Hexe und neidisch. Als er wieder einmal jagte, verwandelte sie sich in einen großen schwarzen Bären und stellte sich ihm mitten in den Weg. Der Schuss des Jägers ging daneben. Er flüchtete in Todesangst auf eine hohe Eiche. Unten hörte er plötzlich ein fürchterliches Gebrüll und Gestampfe. Ein riesiger weißer Bulle stürzte auf den Bären zu. Mit seinen gewaltigen Hörnern forkelte er den Hexenbären, bis der kein Lebenszeichen mehr von sich gab. Dann verschwand er im Unterholz. Daher heißt die Senke am See Bollengrund.*

Zum Bollengrund: Nahe der Bushaltestelle in der Schweriner Straße gegenüber einbiegen in den Cambser Seeweg, dann nach rechts in den Zittower Weg. Er führt über den Bollengraben und ist bis zum letzten Grundstück mit PKW befahrbar. Hier führt ein Rad-/Wanderweg weiter. Nach ca. 300 m steht uferseitig ein Jagd-Hochstand, 100 m weiter liegt auf der rechten Seite des Weges hinter einer Abzäunung der Bollengrund an einem Abhang. Der Wanderweg führt weiter nach Zittow.

Am Bollengrund beim Cambser See

Ein geheimnisvoller Reiter *repariert beim Gerichtsberg einem Kaufmann den Wagen.*

Zum Gerichtsberg: Etwa 300 m hinter dem Ortsausgang von Cambs (Richtung Rampe, B 104), noch vor dem Abzweig nach Zittow, rechts in einen kurzen schmalen, asphaltierten Weg einbiegen. Nach ca. 10 m dem Verlauf links folgen. 30 m weiter befindet sich ein kleines eingezäuntes Grundstück mit einem Teich. Etwa 200 m entfernt davon ist eine Anhöhe mit Baumgruppe: der Gerichtsberg. Rechts daneben steht ein Strommast. Der Gerichtsberg ist nicht begehbar, er liegt inmitten eines Feldes.

Blick zum Gerichtsberg

Das Alago Hotel, am Cambser See gelegen

Alago Hotel Am See
19067 Cambs, Cambser Seeweg 5, Telefon: 03866-66-0

Landgasthaus Cambs
19067 Cambs, Schweriner Straße 6, Telefon: 03866-80798

Weißer See am Ortseingang rechts, aus Cambs kommend

Brahlstorf

Der Ort liegt in einer Hügellandschaft zwischen dem Schwarzen See (nördlich) und dem Weißen See (südwestlich). Er ist eine slawische Gründung und wurde in deutscher Zeit ein Gutsdorf. Im 18. Jahrhundert gab es hier Glashütten.

Das teuflische Wirtshaus *Im Brahlstorfer Krug hatte der Teufel das Sagen. Die Fiedel kreischte Tag und Nacht und sonntags wie wochentags. Einmal fuhr dort ein Wagen mit einem Sarg vorbei. Einer vom Trauergefolge ging in den Krug und bat darum, mit der Musik einzuhalten. Er wurde ausgelacht und hinaus geschmissen. Da sprengte ein Reiter in einem roten Mantel heran. Er befahl den Leuten im Krug eine Pause. Auch ihm wiesen sie die Tür. Nach einer weiteren Stunde erschien ein Mann in langen, weißen Kleidern. Er prophezeite der übermütigen Gesellschaft den Untergang, wenn sie nicht sofort Ruhe gäben. Die Gäste schmissen nach ihm, was ihnen in die Finger kam. Aber als der Mann gegangen war, versackte der Krug mitsamt den Leuten in der Erde und es bildete sich der Schwarze See.*

Die Flachsspinner *Unterirdische halfen einer Frau beim Flachsspinnen. Sie aber ließ sich von einer Nachbarin aufhetzen und vergraulte die Zwerge.*

Zum Schwarzen See: In Brahlstorf die Ringstraße nehmen; nach etwa 200 m in den Seitenweg abbiegen; 100 m weiter liegt der Schwarze See.

Schwarzer See

Des Teufels Goldene Wiege *Im Erlenbruch am Weißen See vor Kleefeld liegt eine goldene Wiege. Der Teufel persönlich schützt sie vor dem Zugriff der Menschen. Nur in der Osternacht darf nach ihr gegraben werden, aber unter vollkommenem Schweigen. Einmal machten sich zwei Tagelöhner an die Arbeit. Das Gold blinkte ihnen schon entgegen. Durch einen Schreck aber entfuhr ihnen ein Wort und die Goldene Wiege verschwand.*

Weiterer Tipp
Bruchmühle. Malerei, bäuerliche Wohnkultur. Volkmar Kurkhaus.
19067 Brahlstorf, Brahlstorfer Straße 5, Telefon: 038848-21226

Für das leibliche Wohl

Dorfkrug. 19067 Brahlstorf, Hauptstraße 4A, Telefon: 03866-80214

V. Entlang der Warnow

Die Warnow wird bis zum Ostseehafen Rostock-Warnemünde zu einem beachtlichen Strom. In unserem Raum ist sie teilweise ein schmaler Bach, fließt ruhig und bedächtig durch malerische Landschaften, nur manchmal wird sie zum rauschenden Fluss. Sie durchbrach mehrere Hügelketten und bildete wildromantische Durchbruchstäler. Riesige Buchen überwölben mit ihren Kronen manchmal den Fluss. In der oft unberührten Natur leben viele sonst selten anzutreffende Pflanzen- und Tierarten.

In der Gegend zwischen Kritzow und Zaschendorf liegen außergewöhnlich viele Hügelgräber, damit einher geht die verhältnismäßig hohe Zahl an Sagen.

Forstscheune

Gädebehn

Gädebehn liegt in einem Durchbruchstal der Warnow mit seiner wundervollen Umgebung. Siedlungsgebiet war es schon in der älteren Bronzezeit. Drei Hügelgräber mit Schmuck aus Gold und Bronze wurden hier entdeckt. Im 17. Jahrhundert erhielt der aus Sachsen stammende mecklenburgische Hofdichter Andreas Mylius das Gut vom Herzog zum Geschenk. Begeistert bedichtete er die Schönheit des Warnowtals.

Magdalenberg, auch Viehberg genannt, rechts

Der Teufel holt sich eine Braut

Der Schäfer von Gädebehn wollte Hochzeit machen. Seine Braut Magdalene diente in Crivitz auf dem Amt, hatte dabei aber auch andere Bekanntschaften gemacht. Als sie nun zur Trauung nach Crivitz fuhren, fragte sie der Schäfer, ob sie ihm immer treu geblieben wäre. Das beschwor sie auch und hielt dem Bräutigam einen Kirchstock mit einem eingeschnittenen Kreuz hin. „De Düwel sall mi halen, wenn ik di nich tru bläwen bün!" (Der Teufel soll mich holen, wenn ich dir nicht treu geblieben bin!)
Da sauste der Teufel heran, griff sich die Braut und fegte mit ihr nach oben. Geistesgegenwärtig warf ihm der Schäfer den Kreuzstock in den Rücken. Vor Schreck ließ der Teufel das Mädchen fallen. Zu Füßen der Eiche auf dem Viehberg stürzte sie tot herunter.
Der Viehberg ist ein Zauberberg. Wer auf den Viehberg geht, muss nach jungen Fichten Ausschau halten. Findet er eine, die im Wipfel einen Knoten hat, der noch frisch und grün ist, wird er ein langes Leben haben.

Der Viehberg oder Magdalenenberg liegt am Ortsausgang Richtung Crivitz rechter Hand. Die uralte Eiche mit einem großen runden Loch durch den Stamm wurde 1860 von einem Blitz zerstört.

Der Griff des Toten

In Gädebehn war ein Mann gestorben. Seine Frau bat den Gutsherrn, er solle ihr helfen, ihn zu Grabe zu bringen. Der lehnte aber ab und drohte mit der Peitsche. So musste sie ihre einzige Kuh verkaufen. Dann ging sie zur Stadt, um für die Beerdigung einzukaufen. Das restliche Geld legte sie dem Toten unter den Kopf. Der Gutsherr ging in ihr Haus und wollte dem Mann das Geld unter dem Kopf wegziehen. Da griff der Tote nach seinem Arm und hielt ihn fest.

Leute kamen und mussten schließlich den Arm des Toten absägen. Da aber hielt der Tote den Mann mit seiner anderen Hand fest. Die Knechte bekamen es mit der Angst zu tun und liefen davon. Am anderen Tag war der Gutsherr auch tot.

Die Hoftagelöhner besaßen oft nicht einmal die Mittel zur Ausstattung einer Beerdigung. Im allgemeinen war dazu der Gutsherr verpflichtet. Doch der zeigte selten genug Respekt vor den Toten. Mittellose Hinterbliebene mussten dann ihr Vieh verkaufen, um dem Verstorbenen eine würdige Beerdigung zu ermöglichen. Das dafür verwendete Geld hätten sie dringend selber zum Leben gebraucht. Ein unvorhergesehener Todesfall konnte so die ganze Familie in tiefes Elend stürzen.

Weitere Tipps

Naturlehrpfad an der Warnow

Forsthof Gädebehn

(an der Warnow)

Die Scheune ist ca. 200 Jahre alt. Vor dem Forsthof sind die „Bäume des Jahres" gepflanzt. Daneben ist „Das Leben der Steinhaufen" dokumentiert (Steine wurden über Generationen hinweg von den Feldern gesammelt, um die Bewirtschaftung zu ermöglichen. So entstanden allerorts Steinhaufen. Sie fielen dann der Flurbereinigung zum Opfer). Neben dem Steinhaufen steht die Holz-Skulptur „Förster" von 2004.

Jedes Jahr im Mai findet ein Waldfest mit Erlebnisstationen für die ganze Familie statt.

Holz-Skulptur „Förster"

Die Warnow mit Fischtreppe am Ortseingang von Kladow

Kladow

Der Ort war schon in vorgeschichtlicher Zeit besiedelt. Der Name stammt möglicherweise aus dem slawischen Wort Kloda, was so viel wie Klotz, Baumstumpf bedeutet. Wälder hat es hier zu allen Zeiten gegeben. Das Dorf (Ersterwähnung 1317) liegt an der Warnow und wird allein durch den Fluss von Gädebehn getrennt. Im Mittelalter führte hier der Hauptlandweg von Schwerin nach Rostock vorbei. Er wurde von zahlreichen Pilgern auf ihrer Wallfahrt nach Sternberg genutzt.

Die alte Kirche aus dem 14. Jahrhundert wurde 1780 im klassizistischen Stil verändert. Nach 1806 mussten durch französiche Truppen verursachte große Schäden beseitigt werden.

Vom Spuk auf dem Friedhof Im Pfarrhaus erhängte sich mal jemand auf dem Dachboden. Seitdem spukt es dort. Den Selbstmörder beerdigten die Kladower unvorsichtigerweise auf dem Friedhof. Damit verursachten sie ein unheimliches Gewese. Einmal im Jahr öffnen sich die Gräber, und die Toten erheben sich zum Leichenzug. Der Selbstmörder liegt auf dem Leichenwagen. Sieben Nächte lang umrunden sie den Friedhof und verschwinden dann wieder in den Gräbern.

Der Mädchenmord Ein Jäger ermordete seine schwangere Geliebte. Er wurde an der Mauer des Kladower Friedhofs begraben und fand im Tode erst Ruhe, als das Holz aus der Vorbecker Streiteiche zur Kirchenreparatur benutzt wurde (s. Vorbeck).

Die Totenstimme aus der Warnow Ein Knecht sollte den Sarg mit seinem verstorbenen Bauern in die Kladower Kirche bringen. Während der Fahrt schlief der Knecht ein. An einer unwegsamen Stelle bei der Brücke kippte der Ochsenkarren um, der Sarg öffnete sich und der Verstorbene rutschte in die Warnow. Der Knecht richtete den Ochsenkarren mit viel Mühe auf, stellte den leeren Sarg darauf und brachte ihn zur Kirche. Seit dieser Begebenheit ruft bei Vollmond eine dunkel klingende Stimme aus der Warnow: „Nimm mich mit, nimm mich mit!"

Weiterer Tipp

Gutshaus Kladow. Es befand sich um 1860 im Besitz des bekannten Schweriner Weinhändlers Johann Uhle. 1901 brannte es nieder, an seiner Stelle entstand das heutige Gebäude.

Häuser in Augustenhof, die dem ehemaligen Gutshaus gegenüber liegen

Augustenhof

Augustenhof liegt romantisch an der Warnow und ist von Wald umgeben. Das Gut ist eine Gründung aus dem 17. Jahrhundert. Der Besitzer am Ende des 18. Jahrhundert muss seine Frau sehr geliebt haben, er gab dem Ort ihren Namen.

Die Reste dse Gutshauses

Die kleine Frau im Pferdestall *Wenn auf dem Gut in Augustenhof die Knechte ihre Arbeit im Pferdestall beendet hatten, kam eine kleine Frau mit einer Laterne in der Hand. Sie sah alles nach und prüfte, ob die Pferde auch genug Wasser und Futter bekommen hatten und ob richtig eingestreut war. Wenn etwas nicht in Ordnung war, dann wurde sie fünsch. Die Knechte fürchteten ihren Zorn. So arbeiteten sie immer sorgfältig, und den Pferden erging es gut.*

Zum ehemaligen Gutshaus: Das Gebäude selber ist nicht mehr vorhanden. Bei der Bus-Wendeschleife befindet sich der Rest des Eingangstores.

Ortsausgang Augustenhof mit der Brücke über die Warnow

Die Räuber an der Brücke *An der Brücke über die Warnow bei Augustenhof hauste früher eine Räuberbande. Über die Brücke spannten sie eine Kette. Und diese verbanden sie mit einer Glocke in der Höhle. Wenn die läutete, gaben die Räuber den Reisenden einen heißen Empfang.*

Schloss Basthorst, heute Hotel und Restaurant

Basthorst

Das Sackgassendorf Basthorst entstand nach dem 1824/25 erbauten Gutshof Basthorst. Die Anlage als Gutsdorf mit den ehemaligen Tage-löhnerhäusern beidseitig der Dorfstraße ist bis in die heutige Zeit erhalten. Die Geschichte der Schloss- und Gutsherrn ist hochinteressant. Der Erbauer des Schlosses, Ernst Johann Wilhelm von Schack, gründete z. B. die Schweriner Ersparnisanstalt (Sparkasse) und eine Schifffahrtsaktiengesellschaft, befasste sich mit einer modernen Straßenbefestigung in Mecklenburg und gleichzeitig mit Plänen zur Durchschiffung Panamas. Ein anderer Besitzer, Dr. Karl Tust, arbeitete für den Bayer-Konzern und war an der Giftgasproduktion im 1. Weltkrieg beteiligt. Der Margarinefabrikant und Schöpfer der ersten deutschen Walfangflotte Walter Rau führte hier eine hochmoderne landwirtschaftliche Kreislaufwirtschaft ein. Zu DDR-Zeiten befanden sich im Schloss eine Kurklinik und ein Zentrum für den Katastrophenschutz.

Spuk im Rehhagen Am Basthorster Acker beim Rehhagen (heute Augustenhof) spukt es. In der Nähe wohnte der Tischler Herloff. Der sah, mitten in der Nacht brannte da ein großes Feuer. Er wusste, was es zu bedeuten hatte. Als in einer Nacht wieder einmal das Feuer brannte, waren der Dorfschneider und ein Mann aus Kladow gerade *unterwegs. Der Schneider kletterte auf die Wegböschung, um besser sehen zu können. „Kiek, wat'n Füer!" (Schau, was für ein Feuer!) rief er. Der Kladower entgegnete ihm: „Ich bleibe unten auf dem Weg. Da kann es mir nichts tun!"*

Zum Basthorster Acker: Von Basthorst Richtung Gädebehn ca. 600 Meter hinterm Ortsausgang rechts in den Weg am Waldrand einbiegen.

Die Wetterhexe *Im Nachbardorf Venzkow war eine Alte, die konnte das Wetter behexen. Wenn einer im Dorf ihr nicht passte, ging sie auf den Donneracker, der liegt gleich am Weg nach Basthorst und hexte das kräftigste Gewitter herbei. Den Bauern von Venzkow und Basthorst wurde so manches Mal die Ernte verhagelt. Ein Jäger wollte der Alten das Handwerk legen. Er schoss in die dunkelste Wolke hinein. Da gab es einen fürchterlichen Schrei, und die Hexe fiel mit verwundeter Schulter um. Seitdem hatten die Leute von Venzkow und Basthorst wieder normales Wetter.*

Das Ochsenauge

Vom einäugigen Fisch

Ein Mann angelte am Ochsenauge bei Basthorst. Er fing einen Fisch, der nur ein Auge besaß. Das kam ihm merkwürdig vor, und er wollte ihn schon wieder ins Wasser werfen. Dann nahm er ihn aber doch mit. Als er zu Hause ankam, hörte er eine Stimme, die rief laut und eindringlich: „Eenog, Eenog!" (Einauge, Einauge!). Damit konnte nur sein Fisch gemeint sein. So schnell wie möglich lief er zum Wasser zurück und warf den Fisch hinein. Dann wurde es still.

Weitere Tipps

Schloss Basthorst. Das ursprünglich klassizistische Schloss erhielt mehrere Anbauten. Es wurde sorgfältig restauriert und ist jetzt ein reichlich mit Gemälden ausgestattetes Hotel mit Wellnessbereich. An der Zufahrt stehen die zwei Skulpturen der Rosse bändigenden Obotriten, wie wir sie vor dem Schweriner Schloss finden – in Basthorst allerdings als Zinkabgüsse der Werkstattmodelle. Ihr Schöpfer war der Rostocker Bildhauer Christian Gentschow (1814 – nach 1881).

Brennhaus der Gutsanlage. Heute Gemeindezentrum.

Mammutbäume. In der Nähe östlich von Basthorst, Richtung Venzkow.

Schlosspark. Am Glambecksee.

Für das leibliche Wohl

Schloss Basthorst
Hotel & Restaurant
19089 Crivitz, OT Basthorst, Schlossstraße 18
Telefon: 03863-5250

Das Gutshaus entstand 1912 auf den Fundamenten eines älteren Gebäudes.

Vorbeck

Vorbeck (Ersterwähnung 1317) liegt am oberen Warnowtal an einem alten Flussübergang. Besiedelt ist es schon seit Jahrtausenden (zwei Hügelgräber aus der Bronzezeit). Der Ortsname geht auf das Mittelniederdeutsche „vere" (Fähre/Überfahrt) und „beke" (Bach) zurück und bedeutet Fährbach. Der Ort war bis 1798 Bauerndorf, wurde dann gelegt und wüst, nur die Kirche blieb. Auf dem Bauernfeld entstand eine Meierei, später ein eigenständiges Gut mit dem heutigen Herrenhaus. Die Häuserzeile waren Gutsarbeiterkaten. Heute ist es vor allem eine Stätte aktiver Freizeitgestaltung für Touristen. Der ehemalige Gutshof wurde saniert. Es entstanden Ferienwohnungen und ein Wasserwanderrastplatz mit Kanuverleih. 2002 wurde der Golfplatz „WINSTONgolf" eröffnet. Der Reitstall am WINSTONgolf mit Pension rundet das touristische Angebot ab.

Ein Landrat als Schimmelreiter *Zwei Brüder konnten sich nicht über das Erbe einigen. Vor allem ging es um ein Stück Land zwischen Wendorf und Vorbeck. Schließlich wurde es geteilt. Die Grenze wollte aber keiner anerkennen. Der eine von beiden, der Landrat geworden war, verschob sie heimlich zu seinen Gunsten. Nun muss er zur Strafe dort auf einem Schimmel entlang reiten und rufen: „Hier geiht de Scheid!" (Hier verläuft die Grenze!)*

Zum Scheidegraben: Von Vorbeck Richtung Basthorst/ Augustenhof etwa 500 Meter hinter dem Dorfende am Waldrand.

Die Kirche, ein frühgotischer Ziegelbau (um 1317), liegt nördlich des Dorfes auf einem Hügel.

Der Mädchenmord Ein Jäger des Gutes Kritzow hatte eine Liebschaft mit dem Mädchen Margarethe vom Gut Kladow. Sie ward von ihm schwanger. Da ermordete er das Mädchen in den Vorbecker Tannen. Man beerdigte sie auf dem Friedhof in Vorbeck. Von Gewissensqual gepeinigt, erschoss sich der Jäger. Er wurde an der Mauer des Kladower Kirchhofs beerdigt. Alle sieben Jahre, am Margarethentag, stand er auf, um zu dem Grab des Mädchens zu gehen. Er fand erst Ruhe, als die Streiteiche vom Scheidegraben zwischen Vorbeck und dem Rehhagen zum Bau der Kirche von Kladow verwendet wurde.

Besonderer Tipp. Gutshaus Vorbeck. Ferienwohnungen, Finnhütten und Wasserwanderrastplatz. Kanu- und Fahrradverleih mit Transportservice. Campingwiese, Grill- und Lagerfeuerplatz.

Weitere Tipps
Dorfkirche
Informationen und Führungen: Kirchgemeinde Pinnow
Tel. 03960 – 531 oder Edith Gerung, Tel. 03886 - 8825

Reitstall. Pferdepension, Mietboxen, Reitunterricht durch erfahrene Reitlehrer, Kutsch- und Kremserfahrten und geführte Ausritte. Überdachte Reithalle.

WINSTONgolf 18 Loch WINSTONplatz, 9 Loch KRANICHplatz, Übungsanlage, Golfschule und Golfshop.
RESTAURANTkranichhaus täglich geöffnet.

Für das leibliche Wohl

WINSTONgolf GmbH
RESTAURANTkranichhaus
19065 Vorbeck, Kranichweg 1, Telefon: 03860-5020

Gutshof Vorbeck
19065 Vorbeck, An der Warnow 1, Telefon: 03860-502996

Großsteingrab, „Hünenbett", mit aufrecht stehendem „Wächterstein" an der Stirnseite. Etwa 5000 Jahre alt.

Kritzow

Der Ort ist seit Jahrtausenden besiedelt. 19 Hügelgräber sind in seiner Nähe bekannt. Sie liegen nördlich des Dorfes bis hin zur Warnow (Archäologischer Lehrpfad). Die zehn bis fünfzehn Meter breiten Erdhügel sind mit Buschwerk und Bäumen bewachsen. Sie dienten in der jüngeren Vergangenheit oft als Ablageplatz für Feldsteine. Vom südlichsten Grab, dem Galgenberg, wurde durch Kiesgewinnung ein Teil abgetragen. Zu deutscher Zeit war Kritzow von Anbeginn ein reiner Rittersitz mit Wirtschaftshof (Ersterwähnung 1249). Das dazu gehörende Bauerndorf war Vorbeck.

Der ritterliche Hof lag ursprünglich südlich des Hofsees. Er war geschützt durch einen Wassergraben, der vom Hofsee gespeist wurde. Für die Bewohner war ein Wohnturm errichtet worden. Er ist als Turmhügel noch heute im Gelände erkennbar. Die alte Hofanlage im Gelände soll rekonstruiert werden.

Kritzow gehörte zu den Dörfern, in denen sich nach dem Zweiten Weltkrieg Flüchtlinge aus den ehemaligen deutschen Ostgebieten neu ansiedeln konnten. Das Land des Großgrundbesitzers wurde in der Bodenreform aufgeteilt und an diese Familien übergeben. Vor allem am Richenberger Weg errichteten sie ihre Neubauernstellen.

Gutshaus Kritzow

Vom Siebten Buch Mose *Ein Gutsbesitzer von Kritzow kaufte sich eine Sklavin. Sie hieß Brünnel und diente ihm lange Jahre. Die Frau besaß das Siebte Buch Mose. Eines Nachmittags erzählte sie dem Stellmacher , dass sie das Buch nun vollständig gelesen hätte und wüsste, am selben Tag zwischen sechs und sieben Uhr würde sie sterben. Er solle einen geeigneten Sarg finden. Und so geschah es. Der Knecht Brünning brachte das Buch an sich. Und auch er wusste seitdem, wann seine Stunde schlagen würde. Als er eines Tages erkrankte, aß er noch eine große Schüssel Bratkartoffeln auf. Die waren sein Lieblingsgericht. Mit dem letzten Bissen verstarb er.*

Die Geistereule *In den Weiden am Feldweg von Kritzow zur Richenberger Mühle flog im Dunkeln eine Eule umher und erschreckte die Leute mit allerlei Schabernack.*
Der genannte Feldweg ist jetzt der Naturlehrpfad zwischen Kritzow und Karnin.

Der Tod des grausamen Gutsherrn *Ein Gutsherr in Kritzow schlug die Tagelöhner grausam. Einen prügelte er einmal zu Tode. Die Leute begannen, dem Toten ein ordentliches Begräbnis zu bereiten und ließen auch ein Kreuz anfertigen. Geld hatte der Mann aber nicht gehabt. So verkauften sie seine Kuh. Der Gutsherr tobte und wollte das Geld für sich haben. Da fingen die Leute den hartherzigen Mann und sperrten ihn ein – sieben Wochen lang. Dann war auch er tot.*

Weitere Tipps

Waldfriedhof/Mausoleum. 1925 von den letzten Besitzern des Gutes angelegt. Dort errichteten sie ihrem verstorbenen Sohn ein beeindruckendes Mausoleum. Auf den Grabsteinen des Friedhofs findet man viele Familiennamen, die ihren Ursprung in Ostpreußen und Hinterpommern haben und von den Umsiedlern stammen.

Zum Waldfriedhof: Von Kritzow Richtung Weberin, ca. 500 m hinter dem Ortsausgang links in den Wanderweg einbiegen (Archäologischer Lehrpfad). Der Friedhof grenzt an den Wanderweg (blaue Markierung, etwa 300 m).

Archäologischer Lehrpfad, 7 km lang. Ausgeschildert. Die Wanderroute führt zu vielen interessanten geschichtlichen, landschaftlichen und natürlichen Besonderheiten. Auf dem Weg liegen drei Biberburgen und ein 78 m hoher Aussichtspunkt mit Schutzhütte. Auf dem Lehrpfad findet man:
Großsteingräber aus der Jungsteinzeit
Hügelgräber aus der Bronzezeit (1800 bis 600 v.u.Z.)

Achtung: Der Müsselmower Sagenort Plessenstein ist nur über den bei Kritzow einsetzenden Archäologischen Lehrpfad erreichbar.

Glasermoor (ehemalige Glashütten im 17. und 18. Jahrhundert)
Besondere Pflanzen im Glasermoor: Moorbirke, Erle, zahlreiche Gräser, Schilf, Seggen, Sumpfcalla, Gelbe Sumpfiris, schmalblättriges Wollgras.

Biberburg im Glasermoor

Wanderroute Kritzow – Weberin – Wendorf. Auf dieser Strecke gelangt man zum Frauensee, der von zahlreichen Wasservögeln bevölkert wird. An den sumpfigen Teilen findet man neben der Wasseriris und der Sumpfcalla den sehr seltenen Fieberklee. Am Ufer haben sich Biber angesiedelt. Beim See befindet sich eine der in dieser Gegend seltenen slawischen Höhenburgen.

Archäologischer Lehrpfad Kritzow

Ausschnitt des Lageplans aus dem Faltblatt.

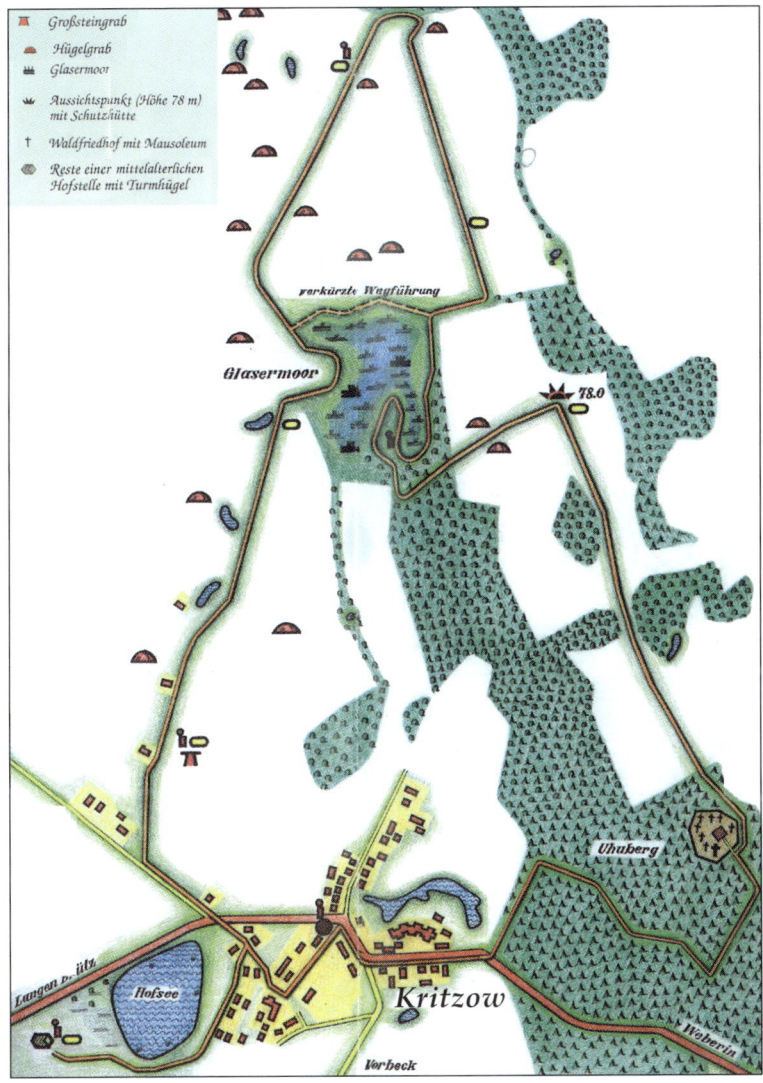

Nahe der Naturschutzstation: Neben dem Wohnhaus ist das Gehöfttor des alten Anwesens erhalten

Karnin

Karnin liegt direkt an der Warnow im Naturschutzgebiet Warnowtal, einem Kleinod der mecklenburgischen Landschaft. Ein Erlenwald zieht sich entlang des Flusslaufes. Zu beiden Seiten befinden sich Trockenhänge und Feuchtwiesen, Buchenaltholzbestände, Moore, Erlenbrüche und Grünland. Hier erlebt man die Endmoränenlandschaft Mecklenburgs an einer ihrer schönsten Stellen.

Die einstige Burg Richenberg bei Karnin und die Wassermühle haben eine dramatische mittelalterliche Geschichte. Die Burg entstand am rechten Warnowufer im Gefolge der ersten Landesteilung Mecklenburgs (1227). Sie war für drei Jahrzehnte Residenz des Fürsten Pribislaw, Herr von Parchim-Richenberg. Dieser förderte den Wohlstand seines Landesteils vor allem durch Heranziehung neuer Ansiedler, stieß auf mancherlei Widerstand und hatte ständig Auseinandersetzungen mit der Stadt Parchim. Schließlich verfeindete er sich mit ihr, verließ die Stadt und baute sich hier, an der Nordwestgrenze seines Landes, am steilen Warnowufer die Burg Richenberg. Deutsche Ansiedler erkannten den Reichtum des Warnowtals, nutzten den Schutz der Burg, ließen sich hier nieder und bauten auch bald die erste Mühle. Pribislaw verlor 1255 sein Besitztum im Kampf mit dem Schweriner Bischof, den er einst auf Richenberg gefangen gesetzt hatte und der später wiederum ihn gefangen nahm. Die Brüder Pribislaws und der Graf von Schwerin teilten sich das Eigentum.

Die Burg verfiel. Von ihren Überresten ist eine genaue Kunde nicht erhalten. Man nimmt an, dass die Fundamente der Mühle und ihrer Wirtschaftsgebäude aus Steinen der Burg erbaut wurden.

Das Dorf Karnin entstand erst nach 1784, nachdem der Cambser Gutsherr das alte Canien (bei Brahlstorf) gelegt hatte und einige Bauern hier ansiedelte. Die neue Ortschaft nannten sie zunächst Neu Karnin.

Das Bindeglied zwischen Burg und Dorf ist die von den deutschen Ansiedlern gebaute Richenberger Mühle (1317 Ersterwähnung) nahe der Burg. Ihr wurden die Bauern der Umgebung als so genannte Zwangsmahlgäste zugewiesen. Sie wurde im 30-jährigen Krieg stark zerstört und am anderen Ufer der Warnow wieder aufgebaut. Die Mühle war bis Mitte 1950 noch in Betrieb und wurde durch ein mächtiges Wasserrad angetrieben.

Eigenartiger Weise sind (bis jetzt) keine Sagen bekannt, die mit Burg und Mühle zusammen hängen.

Reste der Richenberger Wassermühle

Der Schlangenfänger von Richenberg

Einst ging ein Mann von Richenberg nach Langen Brütz. Die Leute waren in der Heuernte. Der Mann sah, dass sie dort viele Schlangen hatten und sagte er könnte sie fortschaffen. Der Gutsherr kam und war auch einverstanden, dafür zu zahlen. Der Mann sagte aber zu ihm: „Wegbringen kann ich die Schlangen jetzt, aber wenn der dritte Herr über das Gut kommt, dann kommen sie wieder." Er erhielt zehn Taler in die Hand gezählt, nahm seine Flöte und blies eine Melodie. Da krochen alle Schlangen hinter dem Mann hinterher. Als aber das Gut in die dritte Hand kam, fanden sie sich alle wieder ein.

Die Naturschutzstation Karnin mit der großen Winterlinde vor dem Eingang

Weitere Tipps

Naturschutzstation Karnin, 19067 Cambs. Tel.: 03866 - 470 782, Fax: 038423 - 54901, E-Mail: verkehrsverein_schweriner_see@t-online.de, www.schwerinersee.de
Ein ehemaliges Bauernhaus, in dem sich der Wanderer umfassend über die Fauna und Flora im Tal der Warnow informieren kann. Als gemeinnützige Einrichtung steht sie u.a. Fachgruppen der Naturschutzverbände, Forschungsgruppen, Vereinen, Gruppen und vor allem Schulklassen als Informations- und Schulungsobjekt offen. Im Haus gibt es 24 Übernachtungsmöglichkeiten, Küche, DU/WC, einen Tagungsraum. Auf dem großen Freigelände sind ein Grillplatz mit Sitzgruppe und ein Volleyballplatz. Von der Station führen beschilderte Wege und Tafeln durch das Warnowtal.

Richenberger Mühle. Am Ende des Dorfes führt im Bereich einer Fischtreppe und eines Wehres eine kleine Brücke über den Flusslauf zum anderen Ufer. Hier sieht man die Reste der ehemaligen Wassermühle, und zwar die alte Wasserführung und Fundamentreste.

Burg Richenberg. Von der Burganlage blieben lediglich wenige sogenannte Kulturreliktpflanzen, verwilderte Obstbäume und Gartenkräuter, auf dem hochgelegenen Burgplateau erhalten. Den Richenberg im Sinne eines Berges gibt es nicht. Sein Flurname ist Schlossberg.

Mühlenwege. Nördlich (von Kleefeld) und südlich (von Kritzow) kommend. Durch den Jahrhunderte währenden Verkehr mit den schweren Bauernwagen sind sie tief ausgefahren und zeigen sich noch heute als beachtliche Hohlwege.

An der Straße Müsselmow-Zaschendorf: Der außergewöhnlich große, 22 t schwere Findling ist ein gesetzlich geschütztes Geotop. Er entstand vor ca. 1,45 Mrd. Jahren, wurde von Gletschern aus Schweden mitgerissen und vor ca. 17 000 Jahren in der Nähe abgelagert.

Müsselmow

Müsselmow hat eine dramatische Geschichte und ist reich an Sagen. Das Dorf nahe dem Naturschutzgebiet Holzendorfer See war eine der ältesten slawischen Siedlungsstellen in Mecklenburg. Schon im 7. Jahrhundert bauten die Slawen hier einen Burgwall. Er lag auf einer Insel inmitten des Flüsschens Goewe, einem Nebenarm der Warnow. Später errichteten die Ritter von Plessen an dieser Stelle eine ebenfalls durch Wall und Graben geschützte Wasserburg. Die Plessens waren in ganz Mecklenburg als gefährliche Straßenräuber und gewalttätige Herren bekannt. Sie verkauften ihre Bauern samt Hof, Inventar und Familie, lagen ewig im Streit mit ihren Verwandten und Bekannten und machten auf ihren Gütern eifrig Gebrauch vom Knotenstock. Die Raubburg wurde vermutlich um 1400 zerstört. Danach entstand hier ein schlossähnliches Herrenhaus. Das Gut gehörte den Plessens etwa ein halbes Jahrtausend. Durch dieses Adelsgeschlecht erhielten etliche Sagen einen dramatischen Charakter.

Dann wechselten die Besitzer des Gutes häufig, bis es 1911 an den aus Berlin stammenden Rittmeister Albert von Schlick kam. Der letzte Schlick auf Müsselmow, im Zweiten Weltkrieg Stadtkommandant von Athen, als Mitwisser des Attentats vom 20. Juli degradiert, wurde durch die Bodenreform 1945 enteignet. Einen Kompromiss lehnte er ab.

Das Herrenhaus, ein neogotischer Bau, wurde nach 1945 in seiner Fassadengliederung stark vereinfacht. 2007 wurde es abgerissen. Hinter dem früheren Gutshaus befindet sich ein verwilderter Park .

Das ehemalige Gutshaus vor dem Abriss 2007 (inks). Der Rest des Gutshofes: Der Turmspeicher an der Dorfstraße. Er wird gegenwärtig wieder aufgebaut und dient als kirchliche Begegnungsstätte für Jugendliche.

Ein Schäfer erschlägt seinen Herrn
Dem hartherzigen und bei seinen Leuten verhassten Herrn von Plessen auf Müsselmow gefiel die Frau des Schäfers. Sie suchte Schutz bei ihrem Mann. Da wollte der Herr den Schäfer umbringen. Doch dieser erschlug ihn mit seinem Schäferstab und begrub ihn an der Grenze nach Kritzow. Auf die Grabstelle wälzte er einen großen Stein. Das ist der Plessenstein. Der erschlagene Herr von Plessen reitet seitdem in jeder Nacht auf seinem Schimmel an der Kritzower Scheide entlang.

Der Plessenstein ist von Müsselmow aus auf einer normalen Wanderung nicht erreichbar. Er befindet sich auf dem Archäologischen Lehrpfad beim (von Kritzow aus gesehen) zweiten Großsteingrab nahe der Warnow. Er liegt direkt auf dem derzeit im Bau befindlichen Wanderweg auf der Grenzscheide Kritzow – Müsselmow (s. Kritzow, Archäologischer Lehrpfad). Östlich des Großsteingrabes liegt eine Fläche, die als Plessenfriedhof bezeichnet wird, wahrscheinlich weil hier – den Sagen nach - mehrere erschlagene Plessen liegen sollen.

Fünf Finger auf der Kellerluke
Der Herr von Müsselmow sperrte seine Gemahlin wegen Untreue in den Keller. Dort ließ er sie verhungern. Nun geht sie als Gespenst um. Sie trägt ein loses weißes Gewand. Vor allem am Eingang zum Keller und im Park wurde sie gesehen, wie sie mit den im Korb scheppernden Schlüsseln vorüberzog. Einmal zeigten sich ihre fünf Finger auf der Kellerluke. Als sie merkte, dass sie beobachtet wurde, zog sie die Finger langsam wieder zurück.

Plastiken neben der Dorfkirche. Von hier soll ein unterirdischer Gang zum Schloss und zu der Kirche in Holzendorf führen.

Ein Schäfer schützt seine Braut Der Gutsherr bestand auf dem Recht der ersten Nacht bei der Braut des Schäfers. Dieser erschlug den Herrn und verscharrte ihn unterm Plessenstein.

Vom Schäfer, der seinen Herrn erschlug Der Herr wollte einen Schäfer zwingen, nach Müsselmow zu ziehen. Dieser wehrte sich, tötete den Gutsherrn und begrub ihn beim Plessenstein.

Vom Gutsherrn, der die Leute schikanierte Für neugeborene Knaben aber teilte er auch Geschenke aus.

Vom Hasen mit drei Beinen In Wirklichkeit war er eine Hexe.

Vom Schimmelreiter im Röthsee Ein Schäfer erschlug seinen Herrn, weil dieser ihm böse Zauberkräfte aufdrängen wollte. Der Erschlagene geistert seitdem als Schimmelreiter.

Von den drei Brüdereichen Drei Brüder konnten sich nicht über das Erbe einigen und wurden in Eichen verwandelt.
Zu den Dreibrüdereichen: Bei der Kirche die schmale Asphaltstraße Richtung Zaschendorf nehmen. Vorbei am riesigen Findling (mit zwei Bänken und einem Hinweisschild). Von hier nach ca. 700 m links in einen Wald-Wiesenweg einbiegen. Die frei stehenden Eichen sind gut sichtbar.

Die Dreibrüdereichen bei Müsselmow

*Die Linde von Holzendorf an der Dorfstraße zählt zu den ältesten in der Gegend.
Ihr Umfang beträgt ca. 7,5 m.*

Holzendorf

Eine kleine slawische Siedlung lag den Funden nach auf dem „Katreppel", einer leichten Erhöhung unterhalb des Klingenberges südöstlich des Mickow-Sees. Die Endung Reppel lässt darauf schließen, dass die Katengruppe von einem aus Ästen geflochtenen Zaun (Repeltun) umgeben war. Der Name des deutschen Dorfes verrät, dass es von Holsteiner Kolonisten gegründet wurde (Holstendorf). Erstmals urkundlich erwähnt wird der Ort 1235.

Das kleine Gut Holzendorf war über viele Jahrhunderte ein Nebengut von Müsselmow. Das Herrenhaus ist ein schlichter Fachwerkbau.

Die Hexe mit dem Zauberzaumzeug *In Holzendorf lebte eine Bauersfrau, die konnte mehr als nur Brot essen. Ein Knecht wollte ihr auf die Schliche kommen und legte sich in einer Maienacht auf die Lauer. Die Frau aber warf ihm Pferdezaumzeug über den Kopf und verwandelte ihn in einen Hengst. Sie ritt auf ihm zum nahe gelegenen Blocksberg. Dort trieb sie mit anderen Hexen und dem Teufel ihre verruchten Spiele. Auf dem Rückweg stellte sich der Knecht fußlahm. Da stieg sie im nächsten Dorf ab und machte sich im Viehstall eines Bauern zu schaffen. Der Knecht konnte sich das Zaumzeug abstreifen und hatte wieder seine Menschengestalt. Jetzt warf er ihr rasch das Zaumzeug über. Sie wurde sofort zur Stute. Der Dorfschmied musste ihr die Hufe beschlagen. Dann ging es im Fluge nach Holzendorf zurück. Am anderen Morgen lag die Bauersfrau in ihrem Bett, an den Händen und Füßen mit Hufeisen.*

Der schwarze Pudel am Klingenberg *Am Klingenberg spukt es. Nachts drängt sich dem Vorübergehenden ein kleiner schwarzer Pudel zwischen die Beine. Erst an der nächsten Kreuzung verschwindet er wieder.*

Der Klingenberg ist eine leichte Erhebung nördlich des Ortsausgangs Richtung Wendorf/Brüel.

Der unterirdische Gang *Von der Kirche soll bis zum Müsselmower Schloss ein unterirdischer Gang führen.*

Dorfkirche Holzendorf, ein Backsteinbau aus dem 15. Jahrhundert

Das barocke Torhaus des Gutshofes. Es diente zu Speicherzwecken

Zaschendorf

Zaschendorf liegt nahe der Warnow, hat ein sehr schön gelegenes Schloss (Ruine) mit einem gut erhaltenen seltenen barocken Torhaus und mehrere seltsame Sagen. Der Ort wurde erstmals 1306 erwähnt. In einem alten Schweriner Zehntenregister wird das Dorf 1320 Saszendorp (Sachsendorf) genannt, vielleicht ist es eine Gründung von Kolonisten aus Niedersachsen.

Die imposante Gutsanlage zeigt sich heute vor allem an dem Torhaus aus dem 18. Jahrhundert, das in seiner Größe in Mecklenburg einmalig ist. Es wurde als Kornlager genutzt und wird derzeit restauriert. Das Herrenhaus war einst ein repräsentativer Bau mit spätklassizistischen Gliederungen. Umgeben von einem verwilderten Park steht es auf einer Anhöhe in landschaftlich hervorragender Lage. Die Ruine wird derzeit von einem privaten Investor wieder aufgebaut.

Der Schimmelreiter von Zaschendorf *In Zaschendorf steht ein altes Gutshaus. Damit hat es eine eigenartige Bewandtnis. Es brannte seltsamer Weise als einziges Gebäude beim großen Gutsbrand 1850 nicht ab. Dort steht auch noch das Torhaus. Hier stürzte vor langer Zeit ein Herr von Barner, der um diese Zeit das Gut besaß, mit seinem Pferd zu Tode. Seitdem spukt er als Schimmelreiter in der Umgebung des Gutshauses.*

Die Schimmelreitersagen sind zumeist viele Jahrhunderte alt. Wahr-

Schloss Zaschendorf

scheinlich ist diese hier mit einem Ereignis aus neuerer Zeit gefüllt worden. Die historische Überlieferung besagt: Am 15.November 1682 stürzte der Erbherr Joachim von Barner angetrunken vom Pferd und war sofort tot.

Altar in der Zaschendorfer Fachwerkkirche

Krähen auf der Beerdigung
In Zaschendorf war eine Tagelöhnerfrau, die konnte mehr als nur Brot essen. Als sie begraben wurde, kamen viele Krähen. Und als der Küster sang, quarrten sie alle mit.

Der Mühlenort. Hier mit dem Holz für das Osterfeuer

Vom geheimnisvollen Dornbusch am Mühlenort
Am Mühlenort spukt es. An nebligen Tagen oder im Schummerlicht, wenn man nicht so recht sehen kann, wächst mitten auf dem Acker ein Dornbusch. Geht man heran, verschwindet er im Erdboden.
Zur ehemaligen Mühle: Nahe dem Ortseingang befindet sich rechts im Gelände eine aufgefüllte Grube. Hier soll die Mühle gestanden haben.

Der dreibeinige Hund
Ein Zaschendorfer arbeitete einmal im Torfmoor an der Warnow. Da stürzte ein dreibeiniger Hund auf ihn zu. Der Mann lief in seiner Angst so schnell er konnte weg und wagte nicht, sich umzusehen. Der Hund soll heute noch da herumspuken.
Das Torfmoor befindet sich westlich von Zaschendorf.

Der Hase in Holzpantinen
Eine Frau will kurz nach dem Ende des Zweiten Weltkrieges auf der Dorfstraße einen Hasen in Holzpantinen gesehen haben.

Mord am Schäferberg
Auf der Feldmark Zaschendorf gibt es den „Schäferberg" mit dem „Plessenfriedhof". Hier sollen sich zwei Vettern aus der Familie der Plessen gegenseitig erschlagen haben, weil jeder von ihnen die schöne Schäferstochter begehrte. Der eine kam aus Müsselmow, der andere aus Zaschendorf. Nachts zeigt sich an den Steinen ein Mann mit einem großen Umhang.
Der Plessenfriedhof befindet sich auf dem Archäologischen Lehrpfad beim (von Kritzow aus gesehen) zweiten Großsteingrab nahe der Warnow (s. Kritzow und Müsselmow).

Weiterer Tipp
Sölle. Südwestlich von Zaschendorf. Sie sind Laichgebiet seltener Amphibien (Kreuzkröte, Wechselkröte, Rotbauchunke).

VI. Zwischen Retgendorf und Keezer See

Wir wandern hier durch eine abwechslungsreiche hüglige und alte Kulturlandschaft mit Feldern und Wäldern, Wiesen und Seen. Sie liegt zwischen dem Schweriner See im Westen und dem Keezer und Neuhofer See im Osten. In dieser Gegend fand einst der in Preußen verfolgte Dichter Hoffmann von Fallersleben (1798 – 1874) Asyl. In Mecklenburg schuf der Verfasser der deutschen Nationalhymne zahlreiche Lieder, die uns wie Volkslieder erscheinen. Am Schweriner See befinden sich die beiden großen idyllischen Erholungszentren Retgendorf und Flessenow.

Spätgotische Kirche von Retgendorf. Backsteinbau aus dem 15. Jh. Sie ist das Wahrzeichen des Ortes. Innenausstattung mit Taufbecken aus dem 13. Jh.

Retgendorf

Retgendorf wurde 1241 erstmals urkundlich erwähnt, vermutlich gab es hier ein Hügelgrab, was auf eine viel längere Besiedelung hinweisen würde. Im Mittelalter entwickelte es sich zu einem großen Gut.
Der Ort befindet sich in einem Natur- und Vogelschutzgebiet. Besucher schätzen an Retgendorf die Lage am Wasser mit dem weitläufigen Badestrand und den vielen Angeboten auf dem nahe gelegenen Campingplatz und im Ferienpark.

Insel Lieps. Von den Hangterrassen gleich hinter Retgendorf sowie von der Uferstraße bietet sich ein außerordentlich schöner Ausblick auf die langgestreckte Insel Lieps im Schweriner See. Mit einer Nord-Süd-Ausdehnung von annährend 1,8 km und einer Breite von wenigen hundert Metern ist sie von allen Uferseiten gut zu sehen. Große Laubbäume kennzeichnen die Insel. Ein dichter Schilfgürtel umfasst das Eiland und lässt nur an wenigen Stellen der Westseite eine Landung mit Booten zu. Schon zu DDR-Zeiten ließen es sich Segler und andere Unternehmungslustige aus den umgebenden Ortschaften nicht nehmen, zu Pfingsten großangelegte Ausflüge zur Insel Lieps zu machen und dort sogar zu zelten.

Uferstelle in Retgendorf, Richtung Rampe. Hier könnte der Hirte das Vieh gehütet haben.

Das Schloss im Schweriner See
Ein Mann in Retgendorf hütete am Johannestag mittags gegen zwölf Uhr am Schweriner See sein Vieh. Als er auf das Wasser schaute, schlugen die Wellen auseinander und ein wunderschönes Schloss kam aus der Tiefe empor. Mit dem Ein-Uhr-Glockenschlag aber sackte die ganze Herrlichkeit zusammen.

Zwerge sonnen sich
Gleich hinter Retgendorf auf dem Weg nach Rampe ist ein hohes Ufer, das früher noch bewaldet war. Dort sollen Zwerge hausen. Eines Tages kam eine Mutter mit ihrem Sohn des Weges. Da hörten sie wieder das Wirtschaften und Toben im Berg. Ein Schäfer stand da und rief, sie sollten sich nicht ängstigen. Die Zwerge wollten sich bloß in die Sonne legen.
In manchen Nächten brennt an dieser Stelle Geld.

Strandbar Seeblick
19067 Retgendorf, Seestr.
Telefon: 03866 – 4000 40

Ferienpark Retgendorf
Restaurant „Waldsiedlung", Bundeskegelbahn und Reitanlage
19067 Retgendorf, Kiefernweg 1
Telefon: 03866 – 4603 - 0

Campingplatz Retgendorf

Restaurant „Waldsiedlung" im Ferienpark

Gutshaus Liessow

Liessow

Liessow war ein Gutsdorf. Das Herrenhaus, ein zweigeschossiger Bau mit neun Achsen und viersäuligem Portikus, wurde mehrfach umgebaut. Es steht derzeit leer. Beim Dorf befindet sich ein verträumt gelegener Badesee.

Würfelei ums Rummelmoor Als Ahrensboek noch Cambser Schäferei war, trieben die Schäfer ihre Herden oftmals bis auf die Liessower Feldmark. Einen Wassertümpel benutzten sie dort gern als Viehtränke. Die Angelegenheit kam vor das Cambser Gericht. Dies entschied, das Wasserloch gehöre dem Liessower Gutsherrn. Beim Würfelspiel der Edelleute verlor der Liessower den Wassertümpel an den Cambser Gutsherrn. So kam es zu Cambs, obwohl es ringsum von den Ackerstücken der Liessower eingeschlossen ist. Weil um dieses Moorloch mit den Würfeln gespielt (gerummelt) wurde, heißt es noch heute das Rummelmoor.

Das über drei Hektar große Rummelmoor ist Kranichbrutplatz. Im Moor leben u.a. Frösche, Schlangen und die Gelbe Sumpf-Schwertlilie. Das Moor ist nur für „hartgesottene" Touristen erreichbar.

Zum Rummelmoor: Bei der Bushaltestelle in Liessow die „Dorfstraße" nehmen (Radwanderweg Brahlsdorfer Hütte/Kleefeld). Etwa 400 m nach dem Dorfende stehen auf der linken Seite hohe Sträucher zwi-

Das Rummelmoor bei Liessow

schen Bäumen (u.a. Eichen) als eine ca. 5 bis 10 m breite „Grenze" zwischen zwei Feldern. Dort biegen wir ein und halten uns an der linken Seite der „Grenze". Diese Strecke ist schlecht begehbar. Nach ca. 400 m gelangen wir zum Rummelmoor.

Der Teufel im Brook
Bei Liessow befindet sich ein Buchholz. Dabei ist ein Bruch. Dort reitet der Teufel auf einem Rappen. Ein Knecht sah ihn einmal. Da kam der Teufel in vollem Galopp auf ihn zugerast. Der Mann lief, als gelte es sein Leben, auf den Graben zu. Er spürte schon den Feueratem des Rappen in seinem Nacken. Mit einem Riesensatz sprang er über den Graben. Damit konnte er sich, geistesgegenwärtig und vielleicht auch weil er ein Sonntagskind war, gerade noch in letzter Sekunde retten. Auf der anderen Seite des Grabens hatte der Teufel keine Macht über ihn.

Der Graben befindet sich östlich des Stettiner Sees am Waldrand.

Weiterer Tipp

Stettiner See. Südwestlich des Ortes und romantisch gelegen. Badestelle. Gute Angelmöglichkeiten. Vom Weg nach Brahlstorf hat man einen guten Zugang zum See.

Gutshaus Tessin

Tessin

Das ehemalige Gutsdorf „Tyssyn" wird urkundlich 1241 zuerst erwähnt. Zuvor gab es nahe der jetzigen Grenze nach Buchholz eine Slawenburg, mit Wassergraben und Wallanlagen geschützt. Inmitten des Ringwalles errichtete ein deutscher Ritter wieder eine Burg. Sie wurde in den Kriegen vor 1809 restlos zerstört. Das Ackerstück mit vertiefter Kuhle nennt man „Kellerkuhlberg". Dieser Flurname findet sich häufig an Stelle niedergeackerter Ringwälle.

Wo sich heute das Gutshaus im Dorf befindet, lag ein weiterer Adelshof. Er war im Mittelalter besonders stark befestigt und offenbar ein Raubritternest. Im Grenzwinkel nach Liessow zu finden sich noch die Reste einer starken Landwehr. Sie besteht aus zwei Wallteilen, zwei Gräben und einem Dorfdickicht. Der Wall ist drei Meter hoch, aus Feldsteinen gepackt, mit Erde überdeckt und mit Bäumen bewachsen. Am Fuß der Wälle ist ein tiefer Graben. Außerdem gehörte zum Gut noch ein auf dem Spiegelberg gelegener Spähturm. So konnten die Tessiner Raubritter die alten Handelswege gut überwachen.

Pech im Spiel Im Herrenhaus Tessin trafen sich die Gutsherren der Umgebung nach der Frühjahrsaussaat zu Spiel und Wein. Der Gutsherr von Tessin verlor einen seiner Äcker. Die Gutsherrin war ihrem Mann sehr böse. „Wie kannst du dann noch so beschränkt sein und den Acker im Frühjahr verspielen," erklärte sie wütend, „ das hättest du im Herbst machen sollen, wenn er abgeerntet ist!"

Acker beim Tessiner Gutshaus

Die Kirche im Gleichensee *Die Raubritter von Tessin ließen mehrere Burgen erbauen. Eine stand an der Grenze zu Liessow direkt an den beiden Gleichenseen. Dazu gehörte auch eine kleine Kapelle. Ihre Räubereien müssen sie gar zu arg getrieben haben. Die Burg ist zerstört, die Kirche versank im Kleinen Gleichensee. In jeder Neujahrsnacht läuten ihre Glocken.*

Zu den Gleichenseen: Sie befinden sich ca. 700 m südwestlich des Ortes (auf einer von Bäumen umgebenen Ackerfläche). Vom Weg zum Spiegelberg (von Tessin aus) liegen sie rechts. Der kleine Gleichensee ist der südlicher gelegene. Beide sind nur bei abgeernteten Feldern erreichbar.

Ein Fass Met vom Burgwall *Zwischen Tessin und Buchholz stand in alten Zeiten eine Burg. Einmal fand der Tessiner Gutsherr seine Ackerknechte betrunken in der Nähe der früheren Burg. Sie hatten ein Fass mit Met gefunden und gleich davon getrunken, bis er alle war.*

Vom Mann ohne Kopf am Schleiloch *Der Schleesee, auch Schleiloch genannt, wird im Volksmund „Späukkuhl" genannt. Hier soll ein Gutsherr nachts mit der Kutsche vom Weg abgekommen und im See ertrunken sein. Seitdem spukt er dort als Mann ohne Kopf.*

Zum „Schleiloch": Es liegt von Tessin aus in Richtung Kuhlen rechter Hand, gegenüber zwei Einfahrten zum Wirtschaftshof.

Holdorf

Grundstück des ehemaligen Gutshauses, heute Zum Möwenteich 4. Auf Gut Holdorf lebte der Dichter der Nationalhymne, Hoffmann von Fallersleben.

Holdorf, 1254 erstmals urkundlich erwähnt, liegt ca. sieben Kilometer nordöstlich des Schweriner Sees. Der Ortsname ist abgeleitet vom niederdeutschen Holt = Wald, bedeutet also „Walddorf". Zunächst war nur der Adelshof deutsch, während das Dorf selbst slawisch blieb.

Holdorf und das benachbarte Gut Buchholz stehen im Zusammenhang mit dem Lebensweg des Dichters August Heinrich Hoffmann von Fallersleben. Die Gutsbesitzer Rudolf Müller und Samuel Schnelle gewährten dem von der preußischen Obrigkeit verfolgten Dichter zwischen den Jahren 1844 und 1848 ein sogenanntes Heimatrecht. In Holdorf konnte er seine kostbare Bibliothek einlagern. In seiner Zeit auf Buchholz und Holdorf schrieb Fallersleben bekannte Kinderlieder wie „Alle Vögel sind schon da", „Ein Männlein steht im Walde" oder „Bald nun kommt der Weihnachtsmann". Die Herrenhäuser beider Dörfer existieren nicht mehr.

Für die Umgebung von Holdorf sind mehrere Hügelgräber vermerkt, die aber längst zerstört sind. Herumliegende Felsen bezeichnen die Lage.

Das Irrkraut am Tannenmoor
Am Tannenmoor östlich von Holdorf, in Richtung Buchholz, liegt eine Felsengruppe. Hier soll ein Irrkraut wachsen. Es bewirkt, dass man sein Ziel nicht findet. Der Zauber hat sich bis in die jüngste Zeit erhalten. Es gelang einer Wissenschaftlerin noch 1957 nicht, an die Felsengruppe heranzukommen, obschon sie es von allen Seiten versucht hatte und die Steine offen dalagen.

Die Bollbeck zwischen Holdorf und Kuhlen – kurz vor dem Zufluss in den Keezer See

Spuk an der Bollbeck
Auf dem Weg von Holdorf nach Kuhlen führt eine kleine Brücke über den Bach, die „Bollbeck". Hier spukt es. Um die Mittagszeit sitzt eine Frau im schwarzen Kleid auf dem Geländer. Neben der Bollbeck führt ein tief ausgefahrener Hohlweg zur Brücke. In diesem ist nachts ein Leichenzug zu sehen. Wer ihm begegnet, ist gebannt und muss warten, bis die Stunde vorüber ist.

Hier in der Nähe, ca. 200 m vor Klein Jarchow, könnte der Weißdornbaum gestanden haben.

Die krumme Frau *"Die krumme Frau" hieß ein Weißdornbaum am Wege von Holdorf nach Klein Jarchow. Heute steht da noch eine Eiche. Die Leute erzählen, dass hier eine alte Frau erfroren aufgefunden wurde. Ganz krumm soll sie dagelegen haben. Seit dieser Zeit wuchs auch der Weißdorn krumm.*

Nördlich des Ortes ist der See Kanzelbruch. Hinter der Abzweigung rechts nach Klein Jarchow befindet sich am Feldrand – dem Wald gegenüber - die alte Eiche, die von vier Findlingen eingegrenzt wurde.

Weitere Tipps

Keezer See. Südöstlich von Holdorf, im Osten und Süden mit Badestelle
Heimatstube Buchholz. Sammlung zu bäuerlichem Leben.
Informationen über Hoffmann von Fallersleben.

Abend am Keezer See

Herrenhaus von Flessenow

Flessenow

Flessenow ist slawischen Ursprungs. Das deutsche Dorf wurde 1241 gegründet. Der damalige Ortskern bestand aus Wirtschaftsgebäuden, Katen und einer Allee. Lange Zeit gehörte Flessenow zum Gut Retgendorf. Das Herrenhaus Flessenow ist im Stil der Neorenaissance errichtet. Derzeit steht es leer.

Die Strecke am Steilufer, die der Lindwurm von Flessenow nach Bad Kleinen nimmt

Der Lindwurm bei Flessenow *Im Schweriner See haust ein Ungeheuer. Es sieht aus wie ein Lindwurm und besitzt einen Schweine- oder Affenkopf. Manche nennen es auf plattdeutsch „de Bost". Die Lindwurmstraße, wo es immer seinen Weg nimmt, verläuft eigentlich im Innensee von Leezen nach dem Schweriner Schelfwerder. Aber auch von Bad Kleinen nach Hof Flessenow schwimmt die Bost.*

Die ehemalige Henningsche Bauernstelle (heute Ferienhaus) befindet sich in Flessenow Ausbau. Man erreicht sie von Flessenow über den ausgeschilderten Weg „Burgwall". In Flessenow Ausbau letztes Haus rechts.

Der wilde Franzose als Schimmelreiter *Vor etlichen Jahren war eine alte Frau in Neu Flessenow auf der Henningschen Bauernstelle zu Besuch. Auf dem Heimweg nach Viecheln war ein Mann ohne Kopf auf einem Schimmel hinter ihr her. Erst als sie das Dorf erreichte, verschwand er. Er soll ein schrecklicher französischer Offizier aus der Napoleon-Zeit sein, der auf seinem Schimmel wild um die Döpe herum geistert.*

Weitere Tipps

Karelofinnische Hütten. Nach dem 2. Weltkrieg befand sich im Flessenower Forst ein Quarantänelager für Flüchtlinge/ Aussiedler aus den ehm. deutschen Ostgebieten. Sie wohnten in etwa 35 Hütten, die von sowjetischen Soldaten gebaut wurden. Zwei der Hütten stehen noch. Privatbungalows.

Langer See. Nordöstlich des Ortes, mit einer Badestelle. Ausgeschilderter Wanderweg.

Flüchtlingsfriedhof/Kriegsgräberstätte. Unter Denkmalschutz. Vom Gutshaus ausgeschilderter Weg durch einen Mischwald, ca. 800 m (Wanderweg nach Norden, am Waldrand nach rechts).

Mecklenburger Seecamping Flessenow

19067 Flessenow, Am Schweriner See 1A, Telefon: 03866-81491

Für das leibliche Wohl

Hotel Restaurant Seewisch.

19067 Flessenow, Am Schweriner See 1d, Telefon: 03866-461103

VII. Zwischen Bibowsee und Bad Kleinen

Dieses Gebiet liegt am Ausläufer des Schweriner Sees, zwischen Bibowsee im Osten und Bad Kleinen im Westen. Zentrum ist das Naturschutzgebiet Döpe. Zwischen dem Schweriner See und der Döpe stand einst Dobin, eine legendäre Obotritenburg.

Der romantische Weg zwischen dem Schweriner und dem Döpesee war im Mittelalter Teil der Hauptverbindungsstraße zwischen Wismar und Schwerin. Er führte über Dorf Mecklenburg und Moidentin, Hohen Viecheln, das Döpegebiet, Flessenow, Retgendorf und Zittow am Cambser See vorbei bis nach Raben Steinfeld, wo man dann der Handelsstraße nach Schwerin folgte. In slawischen wie in deutschen Zeiten zogen hier Fußgänger und Karren mit Tuchen, Fischen, Salz, Getreide und anderem Handelsgut zwischen Ostseeküste und dem Binnenland. Handwerksgesellen, Musiker und Gaukler suchten die Märkte der Städte auf. Kriegsknechte zogen immer wieder sengend und brennend durch die Dörfer und so mancher Bauer wird Opfer ihrer Willkür geworden sein. Bereits zur Slawenzeit scheint dieser Weg eine Heerstraße gewesen zu sein, er verband die Kette der Slawenburgen von Grabow zum Südende des Schweriner Sees, an den Burganlagen Dobin vorbei bis zum obotritischen Hauptsitz, der Burg Mecklenburg (bei Dorf Mecklenburg).

Ebenso legendär ist der Wallensteingraben. Er sollte die Wasserverbindung vom Schweriner See zur Ostsee bilden. Per Hand und Karren wurden im 16. Jahrhundert 20 km Kanal und zwölf Schleusen gebaut. Dann aber war das Geld alle, der Kanal verlandete. Wallensteins Plan aus dem 17. Jahrhundert konnte nicht mehr ausgeführt werden, seine Herrschaftszeit in Mecklenburg war zu kurz. Aber sein Name blieb mit dem Kanal verbunden. Derzeit gibt es wieder Pläne, die Wasserstraße befahrbar zu machen.

Das Naturschutzgebiet Döpe von Hohen Viecheln aus

An der Döpe

Zwischen Flessenow und Hohen Viecheln, an der Nordostseite des Schweriner Sees, liegen der See und das Naturschutzgebiet (NSG) Döpe mit dem Döpesee, einem Teil der Bucht des Schweriner Sees bei Hohen Viecheln und der Landzunge zwischen beiden. Es ist 215 ha groß. Der Döpesee mit der Insel Schwanenberg nimmt dabei etwa ein Drittel der Fläche ein. Er hat eine durchschnittliche Tiefe von 3 m (tiefste Stelle 10 m) und ist ein kalkreicher Durchströmungs-See.

Das Gewässer wird von Erlen, Eschen, Buchen und Moorbirken umrahmt. Im NSG konnten 405 Arten von Blüten- und Farnpflanzen und 236 Großpilzarten nachgewiesen werden. Weiterhin gibt es 55 Brutvögelarten (Rohrdommel, Kolbenente) und 13 Arten von Amphibien und Reptilien (Rotbauchunke). Für Gänse, Reiherenten, Kormorane und

Kolbenenten ist die Döpe ein bedeutender Rastplatz. Bemerkenswert sind die Vorkommen von Wildobstgehölzen auf der Landzunge. Auf den Feuchtwiesen im Nordosten wachsen verschiedene Orchideenarten. Im Döpe-See sind Baden, Angeln und Bootfahren verboten. Die Feuchtwiesen in der Uferzone und die Schwingröhrichte sind Totalreservate. Das Betreten des NSG ist verboten und in den moorigen Gebieten auch lebensgefährlich. Der öffentliche Fuß- und Radwanderweg zwischen Flessenow und Hohen Viecheln ist die einzige Möglichkeit, das Gebiet zu durchqueren.

Die Slawenburg Dobin war eine bedeutende Verteidigungsstellung des Obotritenstammes im 12. Jahrhundert, eine Wasserburg mit Vor- und Hauptburg, Erdwällen und Holzpalisaden und tiefen Gräben nach der Landseite zu. Wie groß die Burg und der Umfang ihrer Besatzungen gewesen sein müssen, geht unter anderem daraus hervor, dass hier einst auch etwa 1000 dänische Gefangene untergebracht waren. Als 1147 das Kreuzfahrerheer der Sachsen und Dänen in das Obotritenland vorrückte, gab König Niklot alle seine übrigen Burgen auf. Er zog sich mit vielen Kriegern, mit Menschen aus den umliegenden Dörfern und großen Vorräten in die befestigte Burg Dobin zurück. Monate lang wurde sie belagert und man versuchte sie auszuhungern. Die sumpfige Umgebung, die mit Palisaden bestückten Erdwälle und die Möglichkeiten zur Versorgung der Bewohner über den See waren so gut zur Verteidigung geeignet, dass die Gegner sie nicht erobern konnten. Schließlich wur-

Der Burgwall liegt zwischen Schweriner See und Döpesee, er ist jetzt eine langgestreckte ansteigende Ackerfläche neben dem Wanderweg.

de ein Waffenstillstand geschlossen, die Besatzung nahm die christliche Taufe an und die Kreuzfahrer zogen ab. Niklot ließ sich nicht taufen. Im Jahre 1160 brach der Wendenkrieg erneut aus. Fürst Niklot verbrannte die Burg, um sie nicht den deutschen Eroberern in die Hände fallen zu lassen. Der kleine See neben der ehemaligen Burg heißt Döpe, ob dieser Name sich von döpen – taufen ableitet ist fraglich. Jedenfalls wurde im Jahre 1775 am Ostufer der Döpe ein uralter Taufstein gefunden. Man brachte ihn mit den Zwangstaufen der Slawen in Verbindung.

Dann wurde es still um die Feste. Sie lag für 100 Jahre wüst. Um 1270 wurde sie kurzzeitig zum Basislager von Brandenburger Raubrittern, die hier ihre geraubten Waren verwahrten.

Der königliche Schimmelreiter *König Niklot erscheint allnächtlich in der Düwelskuhl am Nordende der Döpe. Er reitet auf seinem Weg um die Wohleiche herum zur alten Burgstelle Dobin. Dreimal umrundet er die Burg, dann kehrt er wieder zurück und verschwindet in der Düwelskuhl. Manche sagen, dass er nur alle hundert Jahre einmal hier entlang reitet.*

Die Düwelskuhl liegt nördlich der Döpe am Wanderweg zwischen Alt Ventschow und Pfarrhof nahe Hohen Viecheln. Der Schimmelreiter ist eine der häufigsten Sagengestalten Mecklenburgs. Oft reitet er zwischen ehemaligen Burganlagen hin und her. Sein Weg führt aber auch zu Gräbern oder wüsten Siedlungen. Bei Dunkelheit scheuen die Leute derartige Stellen, weil die Begegnung mit ihm den Tod bringen soll. Diese Sage hingegen spricht ausnahmsweise von einer beliebten Gestalt als Schimmelreiter.

Sumpfburg im Naturschutzgebiet Döpe

Der Schimmelreiter aus der Sumpfburg *Wo einst die Sumpfburg neben dem slawischen Ventschow lag, am Nordende der Döpe, da soll aus der Düwelskuhl alle vier Jahre in der Neujahrsnacht ein Schimmelreiter hervor kommen. Er reitet, seinen Kopf unter dem Arm, dreimal um das Soll herum und verschwindet wieder in der Düwelskuhl.*

Der Taufstein im See *Im Döpesee lag ein rätselhafter Stein. Man erzählte sich noch im 16. Jahrhundert, im Winter könnte man ihn bei hellem Eise als Taufstein erkennen. Angeblich wäre er für die Taufe von 1000 Slawen nach dem Krieg um die Burg Dobin 1147 benutzt worden. Dem Fischer Prignitz, welcher um 1775 ein neues Schleppnetz gekauft hatte, blieb dieses gleich beim ersten Zug am Stein hängen. Ärgerlich versuchte er mit seinen Leuten, das Netz doch noch an Land zu ziehen. Es gelang. Das Unterwasserhindernis entpuppte sich tatsächlich als Taufstein, der wahrscheinlich vor 1220 aus einem Stück gehauen worden war (s. auch Lübstorf/Wiligrad).*

Es wäre möglich, dass die Obotriten bei Aufständen, die auch zur Zerstörung christlicher Einrichtungen und Gegenstände führten, den Taufstein auf an Gewässern viel geübte Weise „entsorgten".

Achtung: Im Naturschutzgebiet Döpe auf den öffentlichen Fuß- und Radwanderwegen bleiben! In den moorigen Gebieten Lebensgefahr!

Die Geflügelzuchtanlage von Dämelow

Dämelow

Dämelow (1219 erstmals erwähnt) liegt nordöstlich des Schweriner Sees. Nordwestlich des Ortes befindet sich ein großes Waldgebiet. Das Dorf wird vom Mühlenbach durchflossen.

Der Schwarze Hund *Neben dem Gehöft eines Bauern stand früher eine hohe Esche. Dort soll ein Schatz vergraben sein. Nachts wird er von einem großen schwarzen Hund bewacht.*

Das Licht auf der Koppel *Wo einst der alte Adelshof stand, befindet sich eine Koppel. Hier ist in manchen Nächten ein geheimnisvolles Licht zu sehen.*

Nach dem Umbruch der Koppel fanden die Dämelower Jungen Historiker 1954 große dunkle Bodenverfärbungen, blaugraue Scherben aus dem 14. Jahrhundert und Kachelreste eines Ofens.

Das Schloss im Storchenbruch *Im einem ehemaligen See rechts am alten Wariner Weg soll ein Schloss versunken sein, er wird Storchenbruch genannt.*

Gutshaus Neuhof

Neuhof

Neuhof liegt nordöstlich des Schweriner Sees. Im Ort finden sich zahlreiche alte Bäume, darunter die große Eiche (Naturdenkmal) an der Straße „Lütte Werder" zum Gutshaus. An der Stelle des slawischen Burgwalls
soll dem Volksmund nach die mittelalterliche Plessenburg gelegen haben. Reste des befestigten Adelshofs, Ringwälle, Graben und Turmhügel, sind noch gut erkennbar. Neuhof gehörte zu den 56 Gütern des
Rittergeschlechts von Plessen. Es wird angenommen, dass sie zu ihrem
Reichtum kamen, indem sie den Mecklenburger Fürsten Geld liehen
und mit den Rittergütern handelten.

1818 wurde einer von ihnen in Neuhof von seinen Tagelöhnern er-
schlagen. In den Akten zu dem Fall kann man lesen, dass „die verübten
Grausamkeiten des Herrn jedes menschliche Gefühl empören und der
Gutsbesitzer ein vollendeter Bösewicht gewesen" sei.

Klimmzüge mit dem Schimmel *Der Ritter Alexander von
Plessen soll ein besonders grausamer und jähzorniger Herr gewesen
sein. In guten Stunden bekämpfte er seine Wut. Dann ritt er unter
das große Tor des Schlosses, klemmte den Schimmel fest zwischen die
Schenkel und machte mitsamt dem Ross Klimmzüge, bis seine Wut
verflog. Wahrscheinlich übermannte ihn aber die Wut zu oft und der
Schandtaten waren zu viele. So fand er auch im Tode keine Ruhe. Als*

Schimmelreiter zieht er des Nachts zwischen Neuhof und Klein Jarchow seine Bahn. Den Kopf trägt er dabei unter dem Arm. Schließlich verschwindet in der er in der „Späukkuhl" (Spukkuhle), um in der nächsten Nacht wieder am Schloss aufzutauchen. Vor dem nächtlichen Ritt gibt es ein fürchterliches Toben im Schloss.

Man erreicht die Späukkuhl auf dem Kopfsteinpflasterweg „Geschützte Allee" Richtung Klein Jarchow nach ca. 2,4 km, auf der rechten Seite des Weges.

Der Weg vom Gutshaus nach Klein Jarchow, den der Schimmelreiter zur „Späukkuhl" nahm

Die verweigerte Anrede
Alexander von Plessen verlangte von seinen Leuten, ihn besonders freundlich zu grüßen. Einer der Knechte verweigerte ihm das, trotz aller Schläge. Da jagte ihn der Herr bis in die gefährliche Spitze des höchsten Baumes und sperrte ihn danach in den düsteren Keller. Nun findet der Gutsherr keine Ruhe und muss als Schimmelreiter umgehen.

Wie man den bösen Zwergen beikommt
Die Unterirdischen nahmen einer jungen Mutter aus Neuhof das Kind weg und legten dafür eine ganz alte Frau ins Bett. Die Mutter holte sich bei einem zauberkundigen Mann Rat. Wie ihr geheißen braute sie Bier von Rüben, erhitzte es und drohte der Alten, sie dort hinein zu setzen. Da verschwand diese und die Mutter hatte ihr eigenes Kind wieder.

Die Teig fressenden Hunde *Die Frauen des Dorfes hatten Teig zum Backen angerührt. Am anderen Morgen war der Backtrog leer. Den hatten die Hunde des Waul gefressen. Ein anderes Mal nahm der Waul sieben Brote von der Trage, um seine Hunde damit zu füttern.*

Weitere Tipps

Bibowsee und Neuhofer See. Beide in Ortsnähe

Schloss Hasenwinkel. Tagungshotel der Wirtschaft
1909 – 1912 nach einem Entwurf von Paul Korff errichtet.

Schloss Hasenwinkel
19417 Hasenwinkel
Am Schlosspark 2
Tel.: 03847-66 140

Am Wallersee

Ventschow

Ventschow liegt vier Kilometer nordöstlich des Schweriner Sees. Um den Ort herum gibt es eine Reihe kleinerer Seen und viel Wald. Das Dorf wurde 1233 unter dem Namen „Vinzow" erstmals urkundlich erwähnt.

Über den Ort sind allerhand Sagen erhalten. Dafür hatte er gute Voraussetzungen. Hier befand sich früher ein Hügelgrab. Später stand in der Nähe eine slawische Sumpfburg. Und es gibt etliche wüste (aufgegebene, überwucherte) Stellen, darunter eine ehemalige Windmühle und ein Gehöft westlich des Reeder Sees, in dem wohl auch Branntwein ausgeschenkt wurde. Das Gehöft hatte den schönen Namen „To`n wittn Titt" (Zur weißen Brust).

Das Rittergut Ventschow blieb bis 1780 im Besitz der Plessens. Am Nordufer des Großen Sees hatten sie im Mittelalter eine Raubburg.

Der Schimmelreiter an der Düwelskuhl *Aus der Düwelskuhl soll nachts ein Schimmelreiter hervorkommen. Er reitet eine Weile auf dem alten Wariner Weg und verschwindet dann in den Swienstannen (Schweinetannen).*

Zur Düwelskuhl (Teufelskuhle): Von Ventschow Richtung Süden (Rubow) etwa eineinhalb Kilometer. Vor der Kreuzung Dämelow-Alt Schlagsdorf befindet sich links die Teufelskuhle, eine mit Busch bewachsene Grube.

Die Swienstannen sind das Waldstück, durch das man hier wandert. Die Historikerin Gertrud Gärtner wusste erfahrungsgemäß, dass Schimmelreitersagen oft mit alten Burgwällen verknüpft sind. Sie untersuchte das Gelände hinter der „Düwelskuhl" gründlich und stellte fest, dass sich auf der Höhe am Mühlenbach bis zum 15. Jahrhundert eine Burg befand. Später stand hier Alt Rubow. Das Dorf hatte Kirche und Mühle. Es wurde 1800 aufgegeben.

Eine düstere Prophezeiung
Etwa im Jahre 1911 fuhr ein Gutskutscher aus Rubow im Morgengrauen Milch zur Ventschower Meierei. An der Düwelskuhl stand ein Mann in ganz altertümlicher Kleidung. Er bat den Kutscher, ihn ein Stück mitzunehmen. Beim Fahren erzählte der merkwürdige Mann, jetzt würden drei schlimme Jahre kommen. Das erste Jahr sei ein Flutjahr mit viel Regen und Überschwemmungen, das zweite ein Glutjahr mit Sommerhitze und verdorrter Ernte. Das dritte Jahr aber sei ein Blutjahr. Bei den Swienstannen verschwand der Mann.
Seine Vorhersagen trafen alle ein. 1914 begann der Erste Weltkrieg.

Der Schimmelreiter vom Gutshof
Beim Ventschower Gutshof zeigt sich ein Schimmelreiter. Er reitet durch den Gang neben dem Inspektorhaus links am See entlang nach Alt Ventschow, wo einst die alte Plessenburg lag.

Der Schimmelreiter an der Ziegelei
Am Wege von Ventschow nach Pfarrhof zu liegt hoch über dem Hohlwege auf dem Acker eine tiefe Grube aus der Zeit der Ziegelei. Hier zeigt sich ein Schimmelreiter.

Der Kutscher ohne Kopf
Bei den „Totentannen" am Milchfahrerweg von Ventschow nach Alt-Schlagsdorf soll nachts ein Leichenwagen fahren. Der Kutscher hat keinen Kopf.

Die Glocke im Klocksee
Im See liegt eine versunkene Kirche. Zur Neujahrsnacht und Johanni (24. Juni) sollen ihre Glocken läuten.
Der Klocksee liegt nahe dem Sonnenberg, ca. 500 m südlich von Alt Ventschow, am Waldweg Richtung Rubow. Er ist von den drei kleinen Seen derjenige, der der Landstraße nach Rubow am nächsten liegt.

Auf dem Sonnenberg

Ein Bauer fliegt durch die Luft *Auf dem Kirchweg zwischen Ventschow und Hohen Viecheln begegnete einem Mann die Wilde Jagd. Mit allen Hunden und viel Lärm brauste sie durch die Lüfte. Der Alte kam nicht schnell genug in die Mitte des Weges. Da nahm ihn der Sturm mit und setzte ihn viele Kilometer weiter wieder ab. Er blieb unversehrt.*

Der Kirchweg verläuft zwischen Alt Ventschow und Pfarrhof.

Weitere Tipps

Reeder See. Nordöstlich des Ortes, mit Badestelle.
Wallersee. Angelmöglichkeit.
Zum Wallersee: Aus Ventschow Richtung Rubow. Abzweig nach Alt Schlagsdorf rechts. Nach ca. 1,5 km biegt der Weg links nach Alt Schlagsdorf ab, geradeaus aber sind es noch 300 m zum Wallersee.

Für das leibliche Wohl

Gaststätte Zur Tanne
19417 Ventschow, Am See 2
Telefon: 038 484-602 55

Erbfischerei Prignitz

Hohen Viecheln

Hohen Viecheln (1178 erstmals erwähnt) liegt am Nordufer des Schweriner Sees. Im Mittelalter war das Dorf mit seiner Lage an wichtigen Handelsstraßen und durch den Wasserweg recht bedeutsam. Häufig wurde es auch ein Ort für Zusammenkünfte und Beratungen der Herzöge, Bischöfe und anderer mächtiger Personen. Zeitweilig bezeichnete man es als „Oppidulum", kleines Städtchen.

Das Gebiet war schon lange vorher besiedelt, von Steinzeitmenschen, dem germanischen Stamm der Langobarden und danach von Slawen aus dem Stamm der Obotriten. Diese gaben dem Ort sicherlich wegen der starken Undurchdringlichkeit des Waldes und des Gestrüpps am Seeufer den Namen. Vichel oder Vichele bedeutet im Slawischen Busch und Gestrüpp.

Nach der Eroberung der slawischen Gebiete durch den Sachsenherzog Heinrich den Löwen 1160 siedelten sich deutsche, vor allem niedersächsische Bauern an. Das Dorf gehörte anfangs der weit verzweigten Familie derer von Plessen. Später kam es in den Besitz der mecklenburgischen Herzöge und Großherzöge und blieb bis zu seiner Selbständigkeit als Gemeinde ab 1871 ein Domanialdorf.

Der Herzog und sein Fischer Vor nun bald 300 Jahren musste Herzog Karl Leopold aus Schwerin fliehen. Bei Hohen Viecheln waren ihm die Verfolger dicht auf den Fersen. Da befahl er dem Fischer Prignitz, ihn in seinem Haus zu verstecken. Der Fischer führte den Herzog in den Keller und stellte das Bett seiner Frau auf die Luke. Sie war gerade in den Wehen. Während die Häscher das Haus durchsuchten, brachte sie ein Kind zur Welt und der Herzog wurde nicht entdeckt. Als Dank und gewissermaßen als Patengeschenk soll Karl Leopold der Prignitzfamilie die Erbfischerei übereignet haben.

Der in der Sage erzählte Vorgang passt auf das Jahr 1735. Belegt ist, dass die erwähnte Schenkung jedoch schon 1715 erfolgte. Die Fischerei wird von der Familie Prignitz bis in die Gegenwart betrieben.

Rettung aus dem Heidenkerker Der Ritter Helmold von Plessen wurde auf einer Pilgerfahrt nach Jerusalem von Heiden gefangen genommen. Nach vielen Jahren konnten ihn seine Verwandten um teures Lösegeld frei kaufen. Aus Dankbarkeit ließ er sieben Kirchen bauen, darunter die von Hohen Viecheln. Die anderen Kirchen waren die von Müsselmow, Holzendorf, Herzberg, Wamckow, Bibow und Brüel.

Die stattliche dreischiffige Hallenkirche gehört zu den architektonisch herausragenden Kirchenbauten Mecklenburgs. Wie berühmte Kathedralen der Welt entspricht sie in ihrem Bauverhältnis dem Ideal der in der Bibel angegebenen Mauerhöhen des Himmlischen Jerusalem (Breite zur Höhe = 1:3,5). Nach Vollendung des Kirchenschiffs aber war das Geld scheinbar ausgegangen, denn zu einem Turm reichte es nicht mehr. Es ging die Sage, dass es in einer der tragenden Säulen versteckt wäre.

Die Suche danach, in jüngerer Zeit auch mit Hilfe von Minensuchgeräten, blieb aber vergebens.

Zu den viel beachteten Einrichtungsgegenständen der Kirche gehört der Grabmaldeckel des Ritters Helmold von Plessen. Das aus Eichenholz geschnitzte Bild eines Ritters im Kettenhemd mit Schwert ist um das Jahr 1300 datiert. Die Familie von Plessen gilt tatsächlich als Bauherr (der Baubeginn war um 1310).

Eine der zahlreichen Kopfweiden am „Uferweg"

Der Fuchsjäger *Der Jäger von Hohen Viecheln wollte zum Schutz des Federviehs den Fuchs ausrotten. Tatsächlich streckte er auch die letzte Füchsin nieder und brüstete sich dessen vor aller Welt. Die Unterirdischen unter einer alten hohlen Kopfweide aber verbargen die Jungen der Füchsin und pflegten sie. Als er eines Tages fünf junge Füchslein auf der Weide entdeckte, gab er seinen Beruf auf und ward ein schweigsamer Mann.*

Die gefährliche Düwelskuhl *Die „Grote Düwelskuhl" war ein Ort des Schreckens. In aller Heimlichkeit trieben dort der Teufel und die Hexen ihr Unwesen. Alten Frauen, die sich geschlechtlich mit ihm einließen, gab der Teufel überirdische Macht. Wer in der Nähe der Kuhle hinfiel, der kam durch eine der Hexen zu Tode. Daher sollte man nur zu zweit diese gefährliche Stelle passieren, um sich gegenseitig vor dem Fallen zu bewahren.*

Die „Grote Düwelskuhl" (Große Teufelskuhle) lag zwischen dem Wallensteingraben und dem Weg nach Losten an der Straße von Hohen Viecheln nach Bad Kleinen.

Der Schuss ins Fass Einmal wollte in einem Viechelner Haus das Buttern nicht mehr gelingen. Man rief den Hexenmeister. Er besichtigte das Fass, fand, dass eine Hexe es verzaubert hatte, schoss eine Platzpatrone hinein und der Hexenbann war beseitigt.

Das verhexte Mädchen Ein junges Mädchen war verhext und lag schon lange siech. Der Vater ging zum Hexenmeister. Der riet, sie sollten das Bett fortschaffen und nachts um zwölf jenseits der Viechelner Feldscheide verbrennen. Dort hätte die Hexe keine Macht. Und wenn sie ihnen bis dahin hinterher kommt, sollten sie sagen: „Mi lickst in'n Nors!" (Mich leck' am Hinterteil). Der Spruch wäre ein sicheres Mittel gegen ihre Künste. Vater und Sohn taten so und hielten das Gewese der unsichtbaren Hexe aus, obwohl ihnen die Haare zu Berge standen. Nach einem Jahr war das Mädchen gesund.

Das Ungeheuer im Schweriner See Ein Fischer saß am Nordende des Schweriner Sees allein im Kahn. Da gewahrte er ein großes affenähnliches Ungeheuer vorn in seinem Boot, das ihm bei der Arbeit zuschaute. Am Abend ward ihm das über und er schlug mit seinem Ruderriemen auf das zottige Wesen ein. Das packte ihn aber und zog ihn so gewaltig in die Tiefe, dass ein heftiger Strudel entstand. Am nächsten Tag fand man das leere Boot. Noch heute hört man in klaren Vollmondnächten ein Plätschern wie von einem Kampf und einen unterdrückten Schrei. Seither fahren die Fischer von Hohen Viecheln nicht mehr allein auf den See.

Keine Sage

Das Wunderwasser aus Hohen Viecheln In den
zwanziger Jahren des vorigen Jahrhunderts lebte in Hohen Viecheln
eine Frau, die ganz gewitzt den Unterhalt für ihre Familie sicherte. Sie
bot auf dem Markt in Wismar„Heilwasser aus Hohen Viecheln" feil, mit
guten Reden und noch besseren Erfolgsversprechungen. Merkwürdig
war, wenn die Frau in Viecheln los ging, waren die beiden Eimer noch
leer. Erst kurz vor Wismar füllte sie sie mit Wasser aus dem Wismarer
Mühlenteich. Und noch lange nach dieser Zeit wurde die wunderbare
Wirkung des „Viechelner Heilwassers" von Käufern bestätigt.

Auf der Schwedenschanze

Weitere Tipps
Fremdenverkehrsverein um den Schweriner See
Fritz-Reuter-Str. 28a
23996 Hohen Viecheln
Telefon: 038 423 – 549 00
Fax: 038 423 – 549 01

Wallensteingraben. Von Hohen Viecheln Richtung Bad Kleinen (Landstraße oder Wanderweg).
Im 16. Jahrhundert beschloss man, einen Kanal zwischen dem Schweriner See und der Ostsee zu bauen, hauptsächlich für den Salztransport
nach Wismar. 1594 soll ein Schiff mit Salz aus Lüneburg bis nach Wismar
gefahren sein. Kriegswirren und fehlende Geldmittel verhinderten die
weitere Nutzung und die Erhaltung des Kanals. Er verfiel.

Der kaiserliche Feldherr Albrecht von Wallenstein, zeitweilig Herzog von Mecklenburg, besichtigte 1628 das Kanalgebiet und veranlasste Bauplanungen und die Bereitstellung von Geldern für die Erneuerung des Kanals. Aber seine Herrschaft über Mecklenburg währte nicht lange genug (1628 bis 1630), um dieses Projekt zu vollenden. Im Andenken an seine wirtschaftlich vorbildliche Regierungszeit erhielt der Kanal im Volksmund den Namen Wallensteingraben. Geblieben sind gegenwärtig nur Anlagen zur Wasserregulierung und zum Fischfang. Es gibt Pläne, den Kanal in Vorbereitung auf die BUGA Schwerin 2009 wieder in Stand zu setzen.

Neben der jetzigen Brücke über den Wallensteingraben entdeckten Archäologen in den 1950er Jahren Reste einer Siedlung aus der mittleren Steinzeit mit insgesamt 16 000 Funden. Werkzeuge und Gebrauchsgegenstände aus Feuerstein, Holz und Knochen belegen, dass hier Menschen bereits vor sieben- bis achttausend Jahren lebten.

Schwedenschanze. Sternförmige Wallanlage, 1638 zum Schutz der Kaufleute vor marodierenden Soldaten im 30-jährigen Krieg errichtet. Von hier aus bietet sich ein umfassender Rundblick über die ganze Länge des Schweriner Außensees mit seinen Schilf gesäumten Ufern. Die Schwedenschanze liegt am Wanderweg Hohen Viecheln – Bad Kleinen.

Lostener See. Er ist durch den Wallensteingraben mit dem Schweriner See verbunden. Man erreicht ihn von Hohen Viecheln über die Landstraße (oder den Wanderweg am Waldrand) Richtung Dorf Mecklenburg/ Bad Kleinen.

Für das leibliche Wohl

Fischerhof
23996 Hohen Viecheln, Fischerweg 4
Telefon: 038 423 – 512 33

Gaststätte Rüdiger Schnell
23996 Hohen Viecheln, Fritz-Reuter-Str. 13
Telefon: 038 423 - 280

Nebengebäude der Wasserheilanstalt in der Gallentiner Straße nahe dem Bahnhof

Bad Kleinen

Bad Kleinen liegt am Nordufer des Schweriner Sees. Westlich begrenzt ein Endmoränenbogen mit bis zu 72 m Höhe den Ort. Er wird erstmals 1178 in einer Papsturkunde als "Cline" (der in einem Winkel liegende Ort) erwähnt. Bis zum 19. Jahrhundert war er unbedeutend. Erst mit dem Bahnbau um 1847 und mit dem Kurbetrieb belebte er sich erheblich. Er ist Bahnknotenpunkt und Kreuzung der Radfernwege Hamburg-Rügen und Elbe-Ostsee.

Mit Heilverfahren "gegen Schäden aller Art an Knochen, Muskeln und Gelenken, Versteifungen und Verkrümmungen" wollte man in der Wasserheilanstalt (seit 1860) nach dem Vorbild des Pfarrers Kneipp den Menschen Linderung bringen. Schon sehr bald fanden sich zahlreiche Patienten ein. 1895 entstand ein völlig umgebautes Kurhaus. 1915 erhielt Kleinen den Zusatz "Bad". Während beider Weltkriege diente das ehemalige Kurhaus als Lazarett. Seit der Wendezeit steht das Gebäude leer.

Die Selbstmörderin *Im Mai 1875 fand man vor Kleinen die Leiche der Tochter eines Schweriner Gastwirtes. Das Mädchen war eine Selbstmörderin und nach damaliger Auffassung eines üblichen Begräbnisses unwürdig. Die Kleinener "Honoratioren" sollen, auf dem Sarg sitzend, mit der Leiche unter Gejohle zum Friedhof nach Hohen Viecheln gekutscht sein. Und der Viechelner Pfarrer habe bestimmt, die "unwürdige" Tote nicht durch die Friedhofspforte zu tragen, sondern über die Mauer auf den Friedhof zu heben.*

Schweriner See am Eiertunnel

Der Eiertunnel *Um den Gästen der Kuranlage jederzeit den Zugang zum See zu ermöglichen, baute man unter den Gleisanlagen der Eisenbahnstrecke eine Unterführung. Wegen ihrer Form wird sie „Eiertunnel" genannt. Bekanntheit erreichte er durch ein tragisches Ereignis. 1922 durchschritt eine Frau den Tunnel und fand im Schweriner See den Tod - die Mutter des Welt bekannten Bildhauers Ernst Barlach. Louise Barlach war 77 Jahre alt, litt unter körperlicher Schwäche, nervösen Störungen und Angstzuständen und war in Bad Kleinen in medizinischer Behandlung. Sie selber fühlte sich als Last für ihren berühmten Sohn. Die näheren Umstände ihres Todes wurden aber nicht geklärt.*

Zum Eiertunnel: Vom Bahnhof aus die Straße Richtung Gallentin nehmen. Links einbiegen zum Eiertunnel. Dahinter verläuft am Seeufer der Wanderweg nach Gallentin, Lübstorf/ Wiligrad.

Weitere Tipps
Tourist-Information. Tel. 038423- 58171

Bahnhof. Erbaut um 1848. Traurige Bekanntheit erlangte er durch die Geschehnisse vom 27. Juni 1993. Beim Versuch, zwei RAF-Mitglieder festzunehmen, kam es auf dem Bahnhofsgelände zu einem Schusswechsel. Ein Beamter der GSG 9 und ein RAF-Mitglied wurden getötet.

Panorama
23996 Bad Kleinen, Uferweg 24b
Telefon: 038 423 – 502 36

Restaurant Seeblick
23996 Bad Kleinen, Uferweg 24a, Tel.: 038 423 - 442

Sportlerheim
23996 Bad Kleinen, Waldstr. 56, Tel.: 038 423 – 252

VIII. Am Westufer

Das hüglige und Seen reiche Land westlich des Schweriner Sees ist altes Siedlungsgebiet. Hier befinden sich an die 30 Hügelgräber. Mit ihnen werden auch wie beim Königsberg nahe Alt Meteln viele Spukgeschichten verbunden sein, sie sind aber durch die Feldforschung längst nicht alle ermittelt oder aus den Akten noch nicht erschlossen. Bisher Gefundenes wird im Folgenden vorgelegt.

Die Insel Rethberg im Schweriner See bei Wiligrad

Lübstorf/Wiligrad

Bei Lübstorf, 1209 als Bauerndorf erstmals erwähnt, erreicht der Schweriner Außensee mit fünf km seine größte Breite. Die Landschaft um den Ort ist von Wäldern und weiten hügeligen Feldern geprägt und grenzt an das Landschafts- und Naturschutzgebiet Trebbow – Rugensee. Alte Alleen verbinden das Dorf mit den Nachbargemeinden. Die sich am Schweriner See hinziehende Endmoräne wird im Westen vom Tal des Aubaches begrenzt. Dieser fließt durch den Trebbower und den Medeweger See bis in den Pfaffenteich im Herzen Schwerins.

Im Jahre 2009, zur 800-Jahr-Feier des Dorfes, soll der denkmalgeschützte Bahnhof in neuem Glanz erstrahlen. In Lübstorf hat das Mecklenburger Drehorgelorchester seinen Sitz. Mit Schloss Wiligrad ist das Dorf auch ein Außenstandort der BUGA 2009.

Nahe Lübstorf befindet sich die große **Schlossanlage von Wiligrad**, mit Wirtschaftshöfen, Bedienstetenhäusern, Stallanlagen, Kutschenmanufaktur und einer Gärtnerei, alle im gleichen Stil wie das Schloss erbaut. Sie ist über eine Asphaltstraße erreichbar, aber auch über den gut ausgeschilderten Friedrich-Franz-Weg (Wanderweg, drei km). Die ehemalige herzogliche Promenade beginnt in Lübstorf am Abzweig nach Wiligrad und führt durch Buchen- und Nadelwaldbestände mit zahlreichen Hügelgräbern. Sie verweisen darauf, dass bereits vor 4000 Jahren Menschen in diesem Gebiet siedelten und Jagd und Fischfang betrieben. Das auf einem künstlich aufgeschütteten Hügel stehende Friedrich-Franz-Denkmal ist von neun Findlingen umgeben, die den sagenhaften Boitiner Steintanz bei Bützow, eine slawische Kultstätte, nachstellen. Interessante unberührte Biotope säumen die Strecke ebenso wie Bäume mit kuriosen Spechtlöchern und Baumpilzen.

Neorenaissanceschloss Wiligrad

Schloss Wiligrad liegt am Steilufer des Schweriner Sees. In der Nähe sieht man die kleinen Inseln Lieps und Rethberg. Das Schloss wurde 1896-98 im Auftrag von Herzog Johann Albrecht (1857-1920) im Stil der Neorenaissance errichtet. Der sehr traditionsbewusste Herzog benannte es nach der 1000 Jahre alten slawischen Hauptburg (beim heutigen Dorf Mecklenburg). Welikijgrad hieß diese einst, „große Burg". Aus dem slawischen Wort wurde das deutsche Mikilinburg und daraus Meklenburg, heute mit ck geschrieben. Der Name Wiligrad ist dann wieder die Rückbesinnung auf die ursprüngliche slawische Bezeichnung. Im Schloss hat der Kunstverein Wiligrad e.V. sein Domizil. Er organisiert u.a. Galerie- und Kabinettausstellungen sowie Bildhauerpleinairs.

Neben dem Schloss entstand 1896-1903 ein Waldpark von über 200 ha. In ihm wurden viele Denkmäler, Skulpturen, Säulen, Brunnen, Gedenksteine und Teiche sowie künstliche Wasserläufe angelegt und Wege aufgeschüttet. Ein für damalige Verhältnisse hochmodernes Wasserleitsystem versorgte die Bäche.

Im Schlosspark stehen zahlreiche, z. T. exotische Gewächse (u. a. Ahornblättrige Platane, Chinesische Kopfeibe, Gingkobaum, Griechische Tanne, Hemlocktanne, Kegeleiche, Magnolie, Nordmanntanne, Roteiche, Scheinzypresse, Tulpenbaum, Zirbelkiefer sowie moderne Metall-Skulpturen in- und ausländischer Künstler.

Der ehemalige Taufstein aus der Döpe bei Hohen Viecheln dient jetzt im Schlosspark als Springbrunnen

Der Taufstein aus der Döpe *An diesem Taufstein aus dem Döpesee sollen sich die obotritischen Slawen der Burg Dobin während des ersten Wendenkreuzzuges 1147 haben taufen lassen. Nach dem Abzug der Deutschen hätten sie ihren alten Glauben aber wieder angenommen. Vielleicht, wenn man genau hinhört, erzählen einem die alten steinernen Münder auf dem Sockel lange vergessene Geschichten über das Gegeneinander von Deutschen und Slawen und so manches merkwürdige Schicksal.*

Die Burg Dobin und der Döpesee befinden sich nordöstlich des Schweriner Sees (s. Kap. VII). Der Stein datiert zwar von vor 1220, die Geschichte dazu aber ist nicht verbürgt. Auch warum der Taufstein in der Döpe versenkt wurde, ist nicht geklärt. Möglicherweise „vernichteten" aufständische Obotriten das Symbol ihrer geistigen Knechtung auf diese Weise. Eigenartig sind auch die Umstände, wie der Stein nach Wiligrad gelangte und die Gründe, ihn auf die hier geübte Weise zu verwenden.

Treppe zur Elisabeth-Quelle unterhalb des Schlosses am Steilufer des Schweriner Sees

Die Quelle aus Tränen *Einst lebten am Schweriner See zwei gewaltige Riesen, der Riese Triefnase bei Retgendorf und der Riese Träumer auf der großen Waldlichtung, wo sich jetzt das Schloss Wiligrad erhebt. Und in Lübstorf lebte das Mädchen Elisabeth. Sie sang, wo sie ging und stand, auch beim Wäschewaschen. Dem Träumer machte das großes Vergnügen. Der Riese Triefnase aber wurde eifersüchtig. Als Elisabeth wieder einmal ihre Wäsche im See wusch, machte er mit seinen Riesenfüßen eine große Welle, die das Mädchen weit in den See zog. Aber der Träumer rettete sie mit seiner Riesenhand. Da riss Triefnase eine dicke Buche aus der Erde und erschlug ihn damit. Nun sollte das Mädchen für ihn singen. Elisabeth jedoch konnte nur noch weinen. Triefnase schleuderte sie auf die Waldlichtung zurück, stieß dort ein tiefes Loch in die Erde, warf sie hinein und schaufelte Sand darüber. Das Mädchen weinte und weinte. Und ihre Tränen brachen schon bald als Quelle aus dem Steilufer.*

Die Quelle gilt als mystischer Ort.

Die Leute von Lübstorf behaupten, wenn ein junges, freundliches Mädchen am Ostermorgen vor Sonnenaufgang, ohne zu sprechen, zur Quelle geht und sich das Gesicht darin wäscht, dann wird es schön wie Elisabeth und mehr als hundert Jahre alt.

Frühere Schlossbewohner holten hier zur Osterzeit „in Verschwiegenheit" ihr Osterwasser .

Weiterer Tipp

Angebote zur Erlebnispädagogik (besonders für Schulklassen):

erlebnistage. schweriner see mit naturnahem Hochseilgarten, Abenteuerspielen u. v. m.

19069 Lübstorf, Wiligrader Str. 14

Telefon: 038 67 – 53 01 76, Fax: 038 67 – 53 01 77

Internet: www.erlebnistage.de

E-Mail: schwerinersee@erlebnistage.de

Für das leibliche Wohl

Zum Rethberg

Gasthaus am Schweriner See

Hotel und Restaurant

19069 Lübstorf, Feldweg 1

Telefon: 03867-61110

Karte zu Alt Meteln und Groß Trebbow

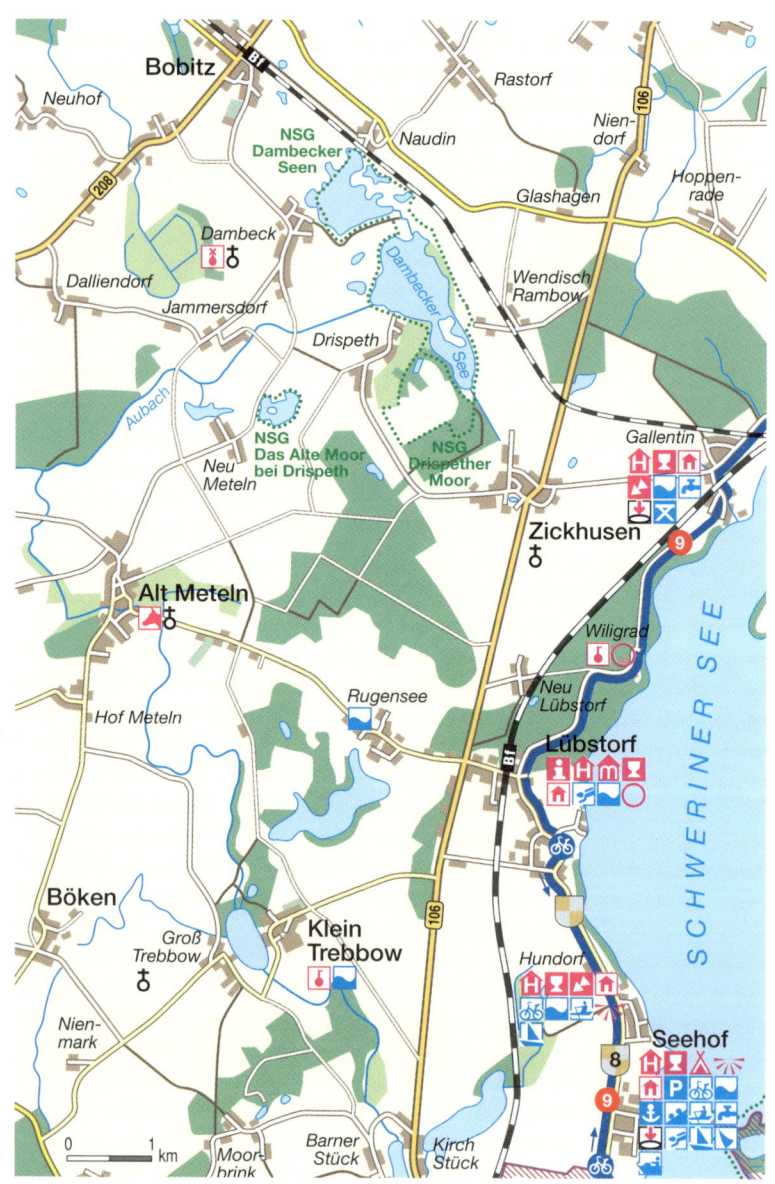

Legende siehe Karte auf Seite 22

Alt Meteln

Das 1284 erstmals urkundlich erwähnte Bauern- und Handwerkerdorf liegt ca. 16 km nördlich der Landeshauptstadt Schwerin, im Aubachtal, inmitten einer Landschaft mit Hügeln, Söllen, Gräben und Teichen. 1997 wurde es als umweltfreundliche Kommune ausgezeichnet. Zahlreiche alte Gebäude sind liebevoll saniert, Neubauten von reichlich Grün umgeben, und im Wolters Holz am Rand des Dorfes liegen etliche Wanderwege. Häufig ist das Dorf Ziel von Kunstinteressenten aus der Umgebung. Im Piano-Haus Kunze werden nicht nur Pianos verkauft und repariert, hier kann man Musikunterricht nehmen und Konzerte genießen. Auch bildende Künstler haben sich hier angesiedelt.

Die Metelner Kirche ist ein gotischer Backsteinbau aus der zweiten Hälfte des 13. Jahrhunderts. Ein daran angebauter Kirchturm wurde 1795 abgerissen, die aus der Mauer herausragenden Steine am Westgiebel sind die letzten Überreste des Turms. Statt dessen wurde für die drei Glocken ein freistehender hölzerner Glockenstuhl errichtet.

Die kleine Glocke von 1516 ist nach der Heiligen Katharina benannt und trägt deren Abbildung. Bis heute blieb sie der Gemeinde erhalten. Die beiden großen Glocken (1663 bzw. 1750) wurden 1941 zu Kriegszwecken eingeschmolzen. Erst 1956 bekam die Gemeinde zwei neue. Die Kirchhofsmauer aus Feldsteinen stammt vom Ende des 16. Jahrhunderts.

Die Straße in Richtung Rugensee führt am denkmalgeschützten Pfarrhof vorbei. Über die Pfarrscheune (1805) ist der Bauantrag des damaligen Pastors erhalten. Darin heißt es u. a.: „So unterwinde mich in der
Anlage A und B den Riß, und Holtz-Anschlag zu einer neuen Scheune, und darin befindlichen Kornboden zur Gnädigsten Bewilligung in
tiefster Unterthänigkeit zu Füßen zu legen. …. In der zuversichtlichsten
Hoffnung einer Gnädigsten Erhörung ersterbe in tiefster Devotion Ew.
Herzogl. Durchl. unterthänigster Knecht S. Raettig."
Die Scheune ist nach umfangreichen Sanierungsarbeiten seit 1996 eine
beliebte Begegnungsstätte im Dorf.

Die 1805 gebaute Pfarrscheune

Blick in einen Hof der Königstraße von Alt Meteln

Eine weitere Besonderheit Alt Metelns ist die Königstraße, wegen ihres sagenhaften Namens. Zwischen 1850 und 1871 entstanden hier auf einem Acker Häusereien für Tagelöhner. Der Straßenname soll daher rühren, dass um 1900 in den oberen zwei oder drei Häusern je eine Familie namens König gewohnt haben soll. Nachforschungen in den Häusereiakten bestätigten dies allerdings nicht. Eine Sage also.

Verlässt man nun Alt Meteln auf der Königstraße in Richtung Zickhusen, gelangt man auf einen breiten Feldweg. Vorbei am Sportplatz und der dahinter liegenden Koppel kommt man nach ca. 100 bis 150 Metern auf der rechten Seite zu einer Feldauffahrt. Hinter dem Feld erkennt man die Aubachniederung, umsäumt von uralten Kopfweiden. Den ursprünglich vorhandenen Zufahrtsweg gibt es heute nicht mehr. In diesen Aubachwiesen spielte sich 1812, während der Befreiungskriege, ein Drama ab. Ein Trupp französischer Soldaten, des Weges unkundig, wäre von Dorfbewohnern irregeführt worden und in den damals noch morastigen Aubachwiesen versunken. Eine andere Version erzählt von einem Gefecht in den Aubachwiesen. Die Franzosen wären ins tiefe Moor gedrängt worden und dort umgekommen. Eine weitere Sage?

Nun aber zu einer „richtigen" Sage. Auf dem gut ausgebauten Radweg in Richtung Rugensee (Eilige können auch das Auto auf der daneben liegenden Straße nutzen) kommt man nach ca. 1 km nach Alt Meteln Ausbau. Dahinter wird die Chaussee von einer Straße mit dem seltsamen Namen „Rote Flöte" gekreuzt. Die Rote Flöte war Teil der mittelalterlichen Handelsstraße von Lüneburg nach Wismar. Auf ihr zogen die

Kaufmannszüge mit ihren Waren, vorwiegend mit Salz. Hier an der Kreuzung stand eine Pferdewechselstation, genannt „Holl an" (Halt an). War die Raststätte überfüllt, übernachteten einige Kaufleute im nahe gelegenen Krug in Meteln. Um den am nächsten Morgen aufbrechenden Kaufmannszug nicht zu verpassen,. wurde ihnen von der Raststätte ein Signal gegeben, und zwar mit einer roten Flöte. Die Flöte und das Signal waren für diese Station so typisch, dass sie und letztendlich auch die Straße danach benannt wurden.

Nach einer anderen Erzählung führte ein kleiner, heute kaum noch zu sehender Bach in der Nähe zur Namensgebung. Dieser war oft mit rötlichen Algen bewachsen. Den Bach nannte man deshalb im Volksmund „Rotes Flies", plattdeutsch „Rot Fleet/ Fleut". Daraus soll dann im Laufe der Jahre „Rote Flöte" geworden sein. Direkt an der Kreuzung Rote Flöte liegt der sagenhafte Steinkreis.

Die sieben bösen Brüder *Dicht am Kreuzweg lagen früher sieben Steine, sechs im Kreis und einer genau in der Mitte. Dort sollen die Metelner in alten Zeiten zusammen gekommen sein und auch Gerichtstag gehalten haben.*

Die Steine waren einst sieben böse und gottlose Brüder. Eines Tages spielten sie mit ihrem Brot Kegeln. Und als ein armer Mann sie bat, ihm etwas Brot zu geben, weil er schon lange nichts mehr zu essen bekommen hatte, warfen sie es ihm an den Kopf. Da erschien ein Engel mit weißen Flügeln. Er verwandelte die Knaben zu Stein. Nur der Jüngste, der sein Brot schon aufgegessen und deshalb nicht mitgespielt hatte, durfte nach Hause gehen. Aber er sollte sich auf keinen Fall umsehen. Der glaubte jedoch, den Engel überlisten zu können, bückte sich und sah durch die Beine zurück. Da wurde auch er zu Stein. Wer jetzt in der Dämmerung dort vorbei geht, kann da manchmal weiße Gestalten sitzen sehen. Und wer sich nicht vorsieht, der verläuft sich an dieser Stelle und findet erst im Morgengrauen den rechten Weg.

Gegen Hexen und Teufel Vor langer Zeit lebte in Alt Meteln eine Unmenge von Hexen. Das konnte man daran erkennen, dass das Vieh massenweise in den Ställen verendete und viele Kinder erkrankten und starben. Niemand wusste, wer von den Dorfweibern zu den Hexen gehörte. Nur zwei Brüdern mit ganz bestimmten Eigenschaften konnte es gelingen, die Hexen zu entlarven. Endlich wurden diese zwei Brüder geboren, die alle Bedingungen erfüllten und sie unternahmen auch das schwierige Wagnis erfolgreich. Sogar den Tücken des Teufels, der den Hexen helfen wollte, widerstanden sie. Danach wussten die Brüder, dass fast einhundert von den Dorfweibern Hexen waren. Sie hätten nun ein ganzes Jahr lang über ihre Erlebnisse schweigen müssen. Das aber konnten sie nicht und das war denn auch ihr Untergang. Der eine der beiden Brüder, der Jäger, erschoss sich im gleichen Jahr aus Versehen. Und der andere, der Fischer, fiel ins Wasser und ertrank.

Aus Archivakten geht hervor, dass das Dorf tatsächlich auffallend häufig von Viehseuchen heimgesucht worden war. Allein zwischen 1720 und 1785 ist von wenigstens 26 Seuchenausbrüchen die Rede.

Weitere Tipps

Museumshof. Mit Bauerngarten, Sägegatter, Backofen und einer kleinen Sammlung landwirtschaftlicher Geräte. Ortsausgang Moltenower Straße

Heimatstube im Gemeindehaus. Gegenstände des Alltags aus vergangenen Zeiten.
Piano-Haus Kunze. Telefon 03867-530240
19069 Alt Meteln, Lübstorfer Str. 11
Bilder im Atelier. Ursula Bahr. Telefon: 03867-832
19069 Alt Meteln, Kornblumenweg 1
„dichterGarten". Texte und Landschaft, Ein- und Ausblicke.
Vera Doneck. Telefon: 038424-22113
19069 Alt Meteln, Sandweg 1 (nahe Dambecker Mühle)

Für das leibliche Wohl

Gasthof Alt Meteln
Telefon 0171-8577779
19069 Alt Meteln, Ringstr. 2
Geöffnet ab 19.30 Uhr,
So. Ruhetag

Groß Trebbow

Das Dorf (1262 erstmals urkundlich erwähnt) liegt an der Westseite des Trebbower Sees. Die gotische Kirche befindet sich im alten Dorfkern. Sie stammt aus der Mitte des 15. Jahrhunderts. Da war sie ein flach gedeckter Backsteinsaal mit fünfseitigem Ostschluss und hatte außen Stützpfeiler. Bemerkenswert an der Inneneinrichtung sind besonders das Ensemble aus Kanzel mit Beichtstuhl von 1689 sowie der Altar aus dem Jahre 1691. Die Orgel – ein Werk von Friedrich Friese – wurde 1855 für die Schlosskirche Schwerin gebaut und 1913 nach Groß Trebbow umgesetzt. Der hölzerne Glockenstuhl und die Glocke wurden im 17. Jh. geschaffen.

Der Hase vom Königshof *Bei Groß Trebbow lag auf einer Höhe ein großer Hof, der Königshof. Dort lebte einst ein Bauer, der auffallend viel Pech mit seinem Vieh hatte. Eines Tages bemerkte er im Garten einen dreibeinigen Hasen. Der Bauer holte schnell das Gewehr. Als er auf den Hasen schoss, schrie seine alte Mutter hinter dem Johannisbeerbusch auf. Der Bauer wusste nun, dass sie eine Hexe und die Ursache des Viehsterbens war und schoss sie tot. Dafür bekam er vier Jahre Zuchthaus. Während dieser Zeit hielt seine Frau es mit dem Knecht und bekam ein Kind. Nach der Entlassung aus der Haft ging der Bauer nach Amerika.*

Gehöft am Königsberg

Der Königsberg liegt von Groß Trebbow aus Richtung Pingelshagen, ca. 600 m hin Die Steine sollen vom damaligen Pächter im Fundament des Schafstalles verbaut worden sein.ter Groß Trebbow Ausbau, an einem von Bäumen umsäumten Feldweg linker Hand. Königshöfe sollen schon zur Zeit von Kaiser Karl dem Großen (768 – 814) existiert haben. Der Besitzer war verpflichtet, für den Fall einer Hofjagd eine Meute Hunde, eine bestimmte Anzahl Pferde und genügend Quartier für den Herrn und sein Gefolge bereit zu halten. Ob die Erhebung daher ihren Namen hat oder einfach so heißt, weil hier einst eine Familie König wirtschaftete, ist nicht gewiss. Die Königsstraße in Alt Meteln soll ihren Namen von zwei Familien König haben, die einst in der Straße lebten.

Schloss Klein Trebbow

Klein Trebbow

Klein Trebbow liegt westlich des Schweriner Sees am Trebbower See. Zur Gemeinde gehören ein Teil des Landschaftsschutzgebietes Aubachtal und das Naturschutzgebiet um den Rugensee.

Der ursprüngliche Gutscharakter ist heute noch gut sichtbar, da sich zahlreiche Nebengebäude des Schlosses erhalten haben. Sagen sind von Klein Trebbow (noch) nicht bekannt. Dieser Ort kündet aber von sagenhaftem Verantwortungsbewusstsein und Mut einiger der Männer des 20. Juli, dem Tag des Attentats auf Hitler 1944. Deshalb nehmen wir Klein Trebbow auf in unsere Sammlung sagenhafter Orte rund um den Schweriner See.

Das Schloss entstand 1868 aus einem Herrenhaus. Es hat eine hohe architektonische Qualität und ist von kunsthistorischer Bedeutung. Im Schloss wohnte Fritz-Dietlof Graf von der Schulenburg. Er war führend beteiligt an der Vorbereitung des Attentats. Sein Bekenntnis vor dem Volksgerichtshof: „Wir haben diese Tat auf uns genommen, um Deutschland vor namenlosem Elend zu bewahren. Ich weiß, dass ich dafür gehängt werde, bereue es aber nicht."

Denkstätte Teehaus Klein Trebbow. Hier berieten Ostern 1944 führende Mitglieder des Widerstandes mit Claus Graf Schenk von Stauffenberg die Vorbereitung des Attentats.

Teehaus im Landschaftspark

Weitere Tipps

Landschaftsspark. Er stammt aus dem 19. Jahrhundert und enthält einen besonders schönen alten Baumbestand – zum Teil Naturdenkmale: Ahornblättrige Platane, Eschenahorn, Esskastanie, Feldahorn, Gelbkiefer, Eibe, Esche, Fichte, Gleditschie, Götterbaum, Kaukasische Flügelnuss, Kaukasusfichte, Persische Eiche, Riesenlebensbaum, Robinie, Rosskastanie, Rotbuche, Roteiche, Säuleneiche, Sommerlinde, Spitzahorn, Stechfichte, Stieleiche.
Die Standorte der Einzelbäume sind auf einem Lageplan im Park gekennzeichnet.

Trebbower See
Der etwa 21 ha große See hinter dem Schloss stammt aus der Eiszeit. Zum Fischbestand zählen Weißfische, Hecht und Aal. In der näheren Umgebung des Gewässers findet man u.a. naturnahen Laubmischwald, Feuchtwiesen und Erlenbrüche.

Lütt-See

Der Lütt-See hinter dem Landschaftspark ist ein verlandender Restsee von ca. einem Hektar Größe. Er ist nur eineinhalb bis zwei Meter tief und besitzt eine starke Schlammschicht. Der See liegt in einer Senke mit Erlenbrüchen und Torf und Faulschlamm. In seiner Umgebung befinden sich überwiegend Laubmischwälder mit eingestreuten wertvollen Nadelbäumen. An Fischen hat er u.a. Hecht und Rotfeder. Außergewöhnlich viele gelbe Seerosen blühen hier.

Im Vordergrund die Kaukasische Flügelnuss im Landschaftspark

Reethaus an der Landstraße nach Lübstorf

Hundorf

Das Bauerndorf wurde bereits 1171 urkundlich erwähnt. Seit 1872 ist es mit Lübstorf zusammengelegt. In Hundorf dominieren gepflegte Einfamiliengrundstücke und Ferieneinrichtungen mit Bademöglichkeiten.

Größter Schwindler unter der Sonne *Ein Häusler beschwerte sich 1898 beim Innenministerium in Schwerin darüber, dass er und seine Frau doppelt und daher zu hoch besteuert würden. Seine Frau müsse, damit die Familie überleben könne, im Haus einen Kramladen betreiben. Das Amt überprüfte den Sachverhalt und schrieb dem Ministerium: „Beschwerdeführer ist der größte Schwindler, den die Sonne bescheint. Er ist nur darauf aus, in irgendeiner Weise die Gesetze zu umgehen und sich seinen Verpflichtungen zu entziehen."*

Eine Frau mit Vermögen *Die Frau eines Häuslers beantragte in Schwerin Erlass ihrer Abgaben. Da ihr Mann 66 Jahre alt und bettlägerig wäre und sie mit 60 Jahren nicht mehr arbeiten gehen könne, bat sie um Nachsicht. Die Abgaben hatten sich nach dem Straßenbau von acht Mark auf 10,50 Mark erhöht. Der Antrag wurde abgelehnt. Sie wäre nicht unvermögend: Sie hätte keine Schulden bei der Gemeindekasse und ihr Mann bezöge eine Rente von 12,30 Mark.*

Gleichbehandlung 1927 gab es in der Schweriner Region einen verregneten Sommer. Die Ernte ging teilweise verloren. Anfang 1928 durften die Bauern aus Landesmitteln Unterstützung für die Überwindung der Ernteschäden beantragen. Sowohl der Gutsbesitzer Kuskop aus Seehof als auch der Erbhofpächter Cromer aus Hundorf erhielten sie auch. Die Büdner und Häusler stellten anfangs keine Anträge. Man hatte von Amts wegen verkündet, dass die Ernte-Darlehensbeträge nur gegen Schuldschein und Zinssatz ausgereicht würden. Als später bekannt wurde, dass sie unter bestimmten Vorraussetzungen vom Land als „verlorener Zuschuss" gegeben würden, setzte eine Antragsflut ein. Die Geldmittel aber waren schon ausgegeben.

Weiterer Tipp

Kirchstücker See. Südwestlich des Ortes. Mit Bootsanlegern. Für den Angler u.a. Aale, Barsche, Hechte, Karpfen, Schleien und verschiedene Weißfischarten. Wegen des Schilfgürtels ist nur Bootsangeln möglich.

Für das leibliche Wohl

Hotel Seehof

19069 Hundorf,
Siedlung 13,
Telefon: 038 67 - 210

Seehof

Das Dorf liegt direkt am hohen Westufer des Schweriner Sees. Es entstand durch Zusammenlegung von drei Erbpachthöfen und erhielt erst 1838 seinen heutigen Namen. Besiedelt ist es aber schon seit mehreren tausend Jahren. Belegt ist dies durch Funde von Werkzeugscherben wie Pfeilspitzen, Bohrern und Beilen. Die Nähe zum See und die romantische Uferlandschaft bieten viele Freizeitmöglichkeiten, auch für Nutzer des großen internationalen Campingplatzes (18 ha). Bemerkenswert ist der schöne Badestrand mit großer Liegewiese.

Sagenhafte Orte

Beim Oberförster. An Stelle der Eiche steht eine Pappel auf der kleinen Landzunge.

Den nicht Eingeweihten wird es vielleicht verwundern, dass die Besatzungen der Ausflugsdampfer und Segelboote bei Seehof zum Ufer hin in geziemender Haltung „Guten Tag, Herr Oberförster!" grüßen - es ist aber kein Förster zu sehen. Auf der kleinen Landzunge stand einst eine Eiche, die nie gefällt wurde. Nachdem sie durch ein Unwetter vor etwa 50 Jahren fiel, wurde an gleicher Stelle eine Pappel gepflanzt. Was hat es mit dem seltsamen Gruß auf sich?

Der Oberförster – Tod aus Liebe
Hier soll einstmals ein Oberförster aus Liebeskummer seinem Leben ein Ende bereitet haben. Wie die Alten sagten, war es deshalb ein seit langem gepflegter Seemannsbrauch, den Baum auf der Landzunge so zu grüßen. Welcher Seefahrende wollte schon den Zorn der Ünnerirdischen oder des Seeungeheuers auf sich ziehen, wenn er das Grüßen vergaß!

Es gibt aber auch eine andere Sage von unserm Oberförster.
In Seehof stand einst ein großer Wald. Als der Graf, dem der Wald gehörte, wieder einmal pleite war, beschloss er, den Wald abzuholzen und zu verkaufen. Der Oberförster liebte den Wald sehr und flehte den

Grafen an, die Bäume doch stehen zu lassen. Vergebens. Die Holzfäller kamen und ein Baum nach dem anderen fiel unter ihren Sägen. Der Oberförster trauerte mehr und mehr und als nur noch ein Baum stand, war er so verzweifelt, dass er an der Eiche seinem Leben ein Ende bereitete.

Weiterer Tipp
Ferienpark Seehof
19069 Seehof, Am Zeltplatz 1, Telefon: 0385-512540

Für das leibliche Wohl

Gaststätte Zum Oberförster
19069 Seehof, Am Zeltplatz 1, Telefon: 0385-550011

Best Western

Seehotel Frankenhorst

19055 Schwerin, Frankenhorst 5, Telefon: 0385 – 59 22 2 - 0

Das Seehotel Frankenhorst war einst Wohn- und Arbeitsort des sehr produktiven mecklenburgischen Dichters Hans Franck (1879 – 1964).

Ab Wickendorf ausgeschildert.

Pension Wolfram

19069 Seehof, Eschenweg 30, Telefon: 0385–55 76 52/50

Im Hof der Pension Wolfram

Bus- und Bahnverbindungen

NVS, Nahverkehr Schwerin
19061 Schwerin, Ludwigsluster Chaussee 72
Telefon 0385 – 399 02 22
www..nahverkehr-schwerin.de

SGS, Bus & Reisen GmbH Schwerin GmbH
Grevesmühlener Straße 18, 19057 Schwerin, Telefon: 0385–485 37 50
www.sgs-busundreisen.de

Buslinie 100 „Rund um den Schweriner See". Fährt von Anfang April bis Anfang Oktober. Abfahrt und Ende ist der Hauptbahnhof Schwerin. Fünf Mal täglich werden angefahren: Platz der Jugend, Zippendorf und Mueß in Schwerin, die Orte Raben Steinfeld, Godern, Gneven, Vorbeck, Kritzow, Langen Brütz, Leezen, Rampe, Paulsdamm sowie Forsthof und die Knaudtstraße wieder in Schwerin. Auskunft: SGS / NVS.

BBW, Busbetriebe Wismar GmbH
23970 Kritzow, Rüggower Weg 14 – 16
Telefon 038 41–21 39 67-69
www.bbw-wismar.de

OLA, Ostseeland Verkehr GmbH
19061 Schwerin, Ludwigsluster Chaussee 72
Telefon 0385–3990-300

DB – Deutsche Bahn
Reisezentrum Schwerin
19053 Schwerin, Grunthalplatz 3-4
Telefon 0800 - 1507090
www.fahrplanauskunft.de

Nahverkehrsanbindungen zu den Sagenorten

Augustenhof .... SGS – Linie 103
Bad Kleinen .... BBW – Linie 123, weiter Linie 280; DB
Basthorst .... SGS – Linie 103
Brahlstorf .... SGS – Linie 103

Cambs .... SGS – Linie 103

Consrade .... SGS – Linie 119

Dämelow .... SGS – Linie 171

Flessenow .... SGS – Linie 102

Gädebehn/Kladow .... SGS – Linie 103

Godern .... NVS – Linie 6

Görslow .... NVS – Linie 6

Hohen Viecheln .... BBW – Linie 123, weiter Linie 280

Holdorf .... SGS – Linie 170, weiter Linie 177

Holzendorf .... SGS – Linie 170, weiter Linie 177

Karnin .... Keine Nahverkehrsanbindung;
bis Kleefeld SGS – Linie 170

Klein Trebbow .... SGS – Linie 107

Kritzow .... SGS – Linie 103

Langen Brütz .... SGS – Linie 103

Leezen .... SGS – Linie 103

Liessow .... SGS – Linie 101

Lübstorf .... NVS – Linie 8; DB

Müsselmow .... SGS – Linie 170, weiter Linie 177

Neuhof .... SGS – Linie 171

NSG Döpe .... Keine Nahverkehrsanbindung

Panstorf .... SGS – Linie 103

Peckatel .... SGS – Linie 119

Pinnow .... NVS – Linie 6

Plate .... SGS – Linie 119; OLA

Raben Steinfeld .... NVS – Linie 6

Rampe .... SGS – Linie 103

Retgendorf .... SGS – Linie 102

Seehof .... NVS – Linie 8

Sukow .... SGS – Linie 125; OLA

Tessin .... SGS – Linie 170, weiter Linie 177

Ventschow .... SGS – Linie 171; DB

Vorbeck .... SGS – Linie 103

Wiligrad .... NVS – Linie 8

Zaschendorf .... SGS – Linie 170, weiter Linie 177

Zietlitz .... SGS – Linie 125

Zittow .... SGS – Linie 103

Ortsregister

Literaturverzeichnis (Auswahl)

Biesalski, Kurt: Die raubeinigen Zwerge von Mecklenburg. Rostock: Hinstorff 1999.- Bondzio, Siegfried (Hrsg.): Up Schausters Rappen dörch dat Warnowtal. Touristische und historische Erkundungen am Mittellauf der Warnow. Schwerin 2006.- Borchardt, Erika und Jürgen: Das sagenhafte Schwerin. Wanderführer für kleine und große Schweriner und ihre Gäste. Hrsg.: Erika und Jürgen Borchardt in Zusammenarbeit mit dem Kulturverein Sagenland M-V e.V. Erweiterte 2. Auflage. Schwerin 2006.- Falkenberg, Heinz: Um den Schweriner Außensee. Geschichte und Geschichten. Unveröffentlichtes Manuskript.- Gärtner, Gertrud (Bearbeiterin): Die ur- und frühgeschichtlichen Denkmäler und Funde des Kreises Sternberg. Beiträge zur Ur- und Frühgeschichte der Bezirke Rostock, Schwerin und Neubrandenburg. 4. Schwerin:1969.- Dies.: Sagen und Ortsgeschichten aus dem Kreise Sternberg. Unveröffentlichtes Manuskript. Landeshauptarchiv Mecklenburg-Vorpommern, Schwerin.- Dies.: Flurnamen und Sagen im Dorfe Böken, Kr. Schwerin. Unveröffentlichtes Manuskript. Landeshauptarchiv Mecklenburg-Vorpommern, Schwerin.- Holst, Kurt: Hundorf 825 Jahre. Eine Chronik. Hrsg.: Gemeinde Seehof. Seehof 1996.- Keuthe, Burghard: Parchimer Sagen. Teil II. Parchim 1997.- Ders.: Parchimer Sagen. Teil III. Parchim 1999.- Nachtigall, Walter und Dietmar Werner (Hrsg.): Der schweigsame Fischer und andere Volkssagen um Stände und Berufe aus dem Mecklenburgischen. Berlin: Die Wirtschaft 1989.- Pipping, Hans-Peter: Görslow. Ein Dorf im Wandel der Zeit.2004.- Remmel, Herbert: 725 Jahre Pinnow. Beiträge zur Dorfgeschichte von Pinnow-Petersberg. Hrsg. Rat der Gemeinde Pinnow. 1990.- Schnoor, Elke: Chronik des Dorfes Alt Meteln. T. 1.- Schulenburg, Theodor: Ut min Dörp. Rostock: Kaufungen Verlag 1911.- Internet: www.blinker.de - www.godern-online.de/Geschichte - www.gutshaeuser.de - www.langenbruetz.de - www.meine stadt. de - www.mecklenburg-schwerin.de - www.schweriner-see.de - www.wikipedia.de

Nachfolgende Titel sind über den
Kulturverein Sagenland M-V e. V. zu beziehen

Das sagenhafte Schwerin
von Erika und Jürgen Borchardt

Ein traumhaftes Erlebnis: Schwerin einmal anders entdecken - an seinen Sagenstätten.

Bei einer Wanderung, mit Kindern oder Enkeln, zum Schloss und durch die Altstadt, vom Ziegelsee bis zum Alten Friedhof und nach Krebsförden Dorf, den Schweriner See entlang zum Zoo bis nach Zippendorf und zur Fähre an der Stör.
Kulturstätten und Naturstätten, schöne Gebäude und Plätze, die Insel Kaninchenwerder, besondere Steine im Schweriner See, die beiden Eichen bei Zippendorf und am Steilufer von Raben Steinfeld: In der Phantasie geheimnisvolle Geschehnisse erleben. Am Sagenort.
Natürlich mit dem Schlossgeist Petermännchen. Aber auch mit einem Poltergeist und einem Lindwurm, dem Wilden Jäger und dem Schimmelreiter, einem Gerippe und einem Mann ohne Kopf...
Eine neue Art von Stadt- und Wanderführer. Mit zahlreichen alten und neuen Fotos sowie mit farbigen Illustrationen von Horst Schmedemann und Hans-Dieter Kerber. Eingelegt: Eine Wanderkarte und der Nahverkehrsplan von Schwerin. Preis: 9, 80 Euro. ISBN-13: 978-3-00-018508-3

Ein traumhaftes Erlebnis
Das sagenhafte Schwerin

Faltblatt mit Informationen zu den Sagenorten Schwerins. Enthält Kurzfassungen der Sagen und einen Lageplan zu den Sagenorten.
Herausgeber Kulturverein Sagenland M-V e. V.

Schutzgebühr 1,50 Euro

Erika und Jürgen Borchardt
Petermännchen.
Der Schweriner Schlossgeist

In dem Buch findet man alles, was derzeit über den kleinen Kerl im Schweriner Schloss in Erfahrung gebracht werden kann: Wie vielgestaltig er ist, welche verschiedenen Ursprünge der Geist haben soll, wieso er auf Stelzen gezeigt wird, es aber gar keine Sage davon gibt, woher sein Name kommt, wo er wohnt, welche unterirdischen Gänge er hat, auf wie viel Arten er erlöst werden kann, warum Menschen an ihn glauben. All dem gehen die beiden Autoren nach.

Der Schweriner Schlossgeist Petermännchen sei die merkwürdigste Sagengestalt Deutschlands. So urteilte der mecklenburgische Volkskundler Richard Wossidlo (1859 – 1939). Das kann gut sein, wie dieses Buch zeigt.

ISBN: 3-931646-03-3

Wie Petermännchen zu Hut und Stelzen kam
Von Erika Borchardt

Ein Märchen über die Abenteuer eines kleinen Mannes in einem mecklenburgischen Dorf. Ob es Stier und Greif gelingt, ihn aus dem Kerker des Grafen zu befreien? Zusätzlich zwei Geschichten aus dem Sagenschatz über den Schlossgeist Petermännchen. Mit Illustrationen von Horst Schmedemann und einem Nachwort der Autorin. 72 Seiten, Festeinband, Preis: 2,60 €

Für Kinder ab 5 Jahren

ISBN: 3-931646-04-1

Petermännchen. Der verwunschene Prinz
Von Erika Borchardt

Die Deutschen erobern im 12. Jahrhundert das Mecklenburger Land, ein deutscher Priester verwünscht den einheimischen Obotritenprinzen in einen Zwerg. Als Schlossgeist hofft dieser nun auf Erlösung. Wird es gelingen? Geschichten um Verwünschung und Erlösung des Petermännchens. Mit Illustrationen von Horst Schmedemann und einem Nachwort der Autorin 90 Seiten, Festeinband, Preis: 2,60 €

Für Leser ab 8 Jahren.

Vertrieb: Edition digital Pekrul & Sohn GbR
Alte Dorfstraße 2b, 19065 Godern
Tel.: +49 3860 505788
Fax: +49 385 434146-99
E-mail: gpekrul@arcor.de
Internet: www.edition-digital.com